* मास्टर न्यूमरॉलॉजिस्ट
शीतलजी बाखरे का परिचय

मशहूर न्युमरॉलॉजिस्ट, वास्तु एक्सपर्ट और शेयर मार्केट विश्लेषक **शीतलजी बाखरे** बीते १५ सालो से इस क्षेत्र में काम कर रही है। शीतलजीने आज तक करीब करीब २ लाख ५० हजार लोगो के जीवन को बदला है। शीतलजी द्वारा बताये तरीको से अनेक घर - परिवार खुश है। भारत के बड़े बड़े शहरों में तथा विदेश में भी शीतलजी का नाम बड़े ही गौरव से लिया जाता है। वे इंसान के जिंदगी मे आनेवाली हर समस्या का सटीक समाधान बताती है। अपने सलाह और मार्गदर्शन के साथ शीतलजी मॅजिकल पॉकेट किट, सिद्ध ताबीज जैसी चीजें भी देती है। स्टॉक मार्केट थेअरीज, ऑनलाइन क्लासेस द्वारा उन्होंने स्टॉक मार्केट से मुनाफा कमाने का टेक्निक जाना है। शीतलजी के उपायो से आपकी आमदनी बढती है और आप अमीर बन जाते है। शीतलजी के पास बिजनेस में ग्रोथ करने के लिए अनोखे उपाय है। वास्तु एक्स्पर्ट के रूप मे घर की बाधाएं दूर करने के तरिके अपनाकर आप भी घर में सुखशांती तथा समाधान लेकर आ सकते है।

फायनान्शिअल फ्रीडम और पर्सनॅलिटी डेव्हलपमेंट की दुनिया में शीतल बाखरे एक जानामाना नाम है। एक सफल व्यवसायी, मास्टर न्यूमरॉलॉजिस्ट और वास्तुशास्त्र एक्सपर्ट के रूप में, शीतलजीने अनोखा पॉकेट किट, ताबीज और विभिन्न यंत्र विकसित किए हैं। जो हमको जिंदगी में फायनान्शिअल फ्रीडम, सेहत, पैसा और बिझनेस में ग्रोथ हासील करने के लिए डिज़ाइन किए गए हैं। ये पॉकेट किट और यंत्र हर इन्सान की विशिष्ट आवश्यकताओं के अनुसार बनाये गए हैं, जो प्रॉब्लेम्स और मुश्किलों को दूर करने में और सफलता हासील करने में बहोत ही महत्वपूर्ण मार्गदर्शन करते हैं। शीतलजीने कई किताबें भी लिखी हैं जो लोगों को उनके रोज की जिंदगी में मदद करने के लिए उत्कृष्ट उपाय और समाधान प्रदान करती हैं। उनकी किताबें, जिनमें आनंदी जीवनाची गुरुकिल्ली और राशिरहस्य

शामिल हैं। ये किताबें मुश्किलों पर काबू पाने और सफलता हासील करने के लिए अच्छा मार्गदर्शन और सलाह प्रदान करती हैं।

शीतलजीने ऍस्ट्रोलॉजी, न्युमरॉलॉजी के आधार पर आज तक हजारो लोगों की जिंदगी बदली है। शीतलजी द्वारा बताये तरीको से अनेक घर-परिवार खुश है। भारत के बड़े बड़े शहरों में तथा विदेश में भी शीतलजी का नाम बड़े ही गौरव से लिया जाता है। उनकी सलाह के बाद, अनेक लोगों ने अपने फोन नंबर, अकाउंट नंबर और कार के नंबर भी बदल दिये। इसकी वजह से उनको अच्छा खांसा फायदा हुआ। वे इंसान के जिंदगी मे आनेवाली हर समस्या का सटीक समाधान बताती है। अपने सलाह और मार्गदर्शन के साथ शीतलजी मॅजिकल पॉकेट किट, सिद्ध ताबीज जैसी चीजें भी देती है। ये चीजे शीतलजीने न्युमरॉलॉजी और बर्थ डेट के आधार पर विकसित की गयी हैं। जो जिंदगी में फायनान्शिअल फ्रीडम, सेहत, पैसा और बिझनेस में ग्रोथ हासील करने के लिए डिज़ाइन किए गए हैं। ये पॉकेट किट और ताबीज हर इन्सान की विशिष्ट आवश्यकताओं के अनुसार बनाये गए हैं, जो प्रॉब्लेम्स और मुश्किलों को दूर करने में और सफलता हासील करने में बहोत ही महत्वपूर्ण मार्गदर्शन करते हैं। शीतलजीने आज तक करीब करीब ढाई लाख लोगो को परेशानी से बाहर निकाला है। स्टॉक मार्केट के आसान स्ट्रॅटेजीज बताकर उन्होने कई लोगों को स्टॉक मार्केट द्वारा लाभ पहुंचाया है। उनकी सलाह पर अनेक घरेलू महिलाएं अब स्टॉक मार्केट से दिन भर में ५ से ६ हजार रुपये कमा रही है। स्टॉक मार्केट थेअरीज, ऑनलाइन क्लासेस द्वारा उन्होंने स्टॉक मार्केट से मुनाफा कमाने का टेक्निक जाना है। शीतलजी के उपायो से आपकी आमदनी बढती है। जेब में पैसा टिकता है और मुश्किले दूर होती है। शीतलजी के पास बिजनेस में ग्रोथ करने के लिए अनोखे उपाय है। जीवन की हर समस्या का समाधान खोजने, व्यापार में वृद्धि के साथ-साथ पारिवारिक झगड़ों से उत्पन्न विवादों से बाहर निकलने के लिए शीतल बाखरे का सटीक मार्गदर्शन और

समाधान निश्चित रूप से फायदेमंद है। शीतलजी की जादुई पॉकेट किट, सिद्ध ताबीज और वास्तु दोष संबंधी सलाह और मार्गदर्शन बेहद लाभकारी सिद्ध होता है। शीतलजीने कई किताबें भी लिखी हैं जो लोगों को उनके रोज की जिंदगी में मदद करने के लिए उत्कृष्ट उपाय और समाधान प्रदान करती हैं। ये किताबें मुश्किलों पर काबू पाने और सफलता हासील करने के लिए अच्छा मार्गदर्शन और सलाह प्रदान करती हैं।

विभिन्न विषयों की सूची

* । भाग १ : पैसो की समस्या ।

* जड़ी-बूटियों के 10 खास प्रयोग देंगे हर दिशा से सफलता और धन-समृद्धि !

मान्यता के अनुसार इस दिन जड़ी-बूटियों के उपाय भी किए जाते हैं, क्योंकि ये बहुत चमत्कारिक होती है। यह जहां स्वास्थ्य के लिए लाभकारी और हितकारी मानी गई है, वहीं इनके कई चमत्कारिक प्रयोग प्राचीन काल से किए जाते रहे हैं।

धार्मिक और ज्योतिष में तंत्र-मंत्र के कार्य में भी जड़ी-बूटियों का प्रयोग प्रमुखता से किया जाता है। हालांकि इसमें कितनी सच्चाई है यह हम नहीं जानते। अत: यह प्रयोग आप किसी जानकार से पूछकर ही करें। हम यहां सिर्फ आपकी जानकारी के लिए प्रस्तुत कर रहे हैं। यह प्रयोग यहां पदोन्नती, कर्ज मुक्ति, धन, कीर्ति, विजय, शांति तो दे ही देंगे, साथ ही यह हर तरह के संकटों से भी मुक्त करने और धनलाभ और अपार धन की प्राप्ति हेतु भी कारगर सिद्ध होंगे। आइए जानते हैं यहां जड़ी-बूटियों के चमत्कारिक उपयोग -

* धन-समृद्धि हेतु करें ये प्रयोग :

1. **सफेद पलाश का पौधा :**

   पलाश अक्सर पीला और सिंदूरी होता है, लेकिन सफेद पलाश बहुत ही दुर्लभ माना गया है। लोगों का मानना है कि यह फूल चमत्कारी होता है। लोग इसे श्रद्धा और विश्वास के साथ घर लाकर पूजन कक्ष में स्थापित करते हैं।

2. **धतूरे की जड़ :**

धतूरे की जड़ से कई तांत्रिक प्रयोग किए जाते हैं। इसे अपने घर में स्थापित करके महाकाली का पूजन कर 'क्रीं' बीज का जाप किया जाए तो धनसंबंधी समस्याओं से मुक्ति मिलती है।

3. **हरसिंगार का बांदा :**

हरसिंगार के बांदे को लाल कपड़े में लपेटकर तिजोरी में रखेंगे तो धन का अभाव समाप्त हो जाएगा।

4. **शंखपुष्पी की जड़ :**

शंखपुष्पी की जड़ रवि-पुष्य नक्षत्र में लाकर इसे चांदी की डिब्बी में रख कर घर की तिजोरी में रख लें। यह धन और समृद्धिदायक है।

5. **बरगद का पत्ता :**

अश्लेषा नक्षत्र में बरगद का पत्ता लाकर अन्न भंडार में रखें। भंडार हमेश भरा रहेगा। इसके अलावा धन हेतु बरगद अथवा बड़ के ताजे तोड़े पत्ते पर हल्दी से स्वास्तिक बना कर पुष्य नक्षत्र में घर में रखें।

6. **मदार की जड़ :**

रवि-पुष्य नक्षत्र में लाई गई मदार की जड़ को दाहिने हाथ में धारण करने से आर्थिक समृद्धि में वृद्धि होती हैं।

7. **दूधी की जड़ :**

सुख की प्राप्ति के लिए पुनर्वसु नक्षत्र में दूधी की जड़ लाकर शरीर में लगाएं।

8. **श्वेत अपराजिता** :

श्वेत अपराजिता का पौधा दरिद्रनाशक माना जाता है। श्वेत आंकड़ा, शल और लक्ष्मणा का पौधा भी श्वेत अपराजिता के पौधे की तरह धनलक्ष्मी को आकर्षित करने में सक्षम है। इसके सफेद या नीले रंग के फूल होते हैं। जीवक नाम का पौधा भी ऐश्वर्यदायिनी होता है।

9. **बहेड़ा की जड़ :**

पुष्य नक्षत्र में बहेड़ा वृक्ष की जड़ तथा उसका एक पत्ता लाकर पैसे रखनेवाले स्थान पर रख लें। इस प्रयोग से घर में कभी भी दरिद्रता नहीं रहेगी।

10. **पलाश के फूल :**

तंत्रशास्त्र में सफेद पलाश के फूल से यंत्र बनाने का प्रयोग बताया गया है, जो धनलक्ष्मी के लिए कारगर बताया गया है।

*** शुक्रवार को करें इन चीजों का दान, घर में होती रहेगी पैसों की बारिश !**

धर्म में शुक्रवार के दिन माता लक्ष्मी की पूजा का विधान है। इस दिन पर जो भक्त धन की देवी की पूजा करते हैं उन्हें सांसारिक सुखसुविधाओं की प्राप्ति है। साथ ही घर में माता लक्ष्मी का वास रहता है। वहीं जो लोग देवी लक्ष्मी को प्रसन्न करना चाहते हैं उन्हें शुक्रवार के दिन कुछ विशेष चीजों का दान अवश्य करना चाहिए। तो आइए जानते हैं वो कौनसी चीजे है।

* शुक्रवार के दिन करें इन विशेष चीजों का दान

1. फूलों का दान

ज्योतिषशास्त्र के अनुसार, माता लक्ष्मी को साफसफाई, खुशबूदार चीजें बेहद पसंद है। ऐसे में शुक्रवार के दिन मां लक्ष्मी को खुशबूदार फूल जरूर चढ़ाएं और इसका दान भी करें। इस उपाय को करने से घर में कभी पैसों का अभाव नहीं रहेगा।

2. अनाज का दान

शुक्रवार के दिन माता लक्ष्मी की विधि अनुसार पूजा करें। इसके बाद किसी गरीब व असहाय व्यक्ति को अनाज का दान करें। अनाज का दान करने से घर में कभी अन्न की कमी नहीं होगी। साथ ही देवी लक्ष्मी की कृपा प्राप्त होगी।

3. गुड़ का दान

शुक्रवार के दिन गुड़ का दान करना भी बेहद शुभ माना जाता है, जिन लोगों के बनते हुए कार्य बिगड़ जाते हैं उन्हें इस विशेष दिन गुड़ का दान अवश्य करना चाहिए। इससे घर में बरकत बनी रहती है।

4. चुड़ियों का दान

माता लक्ष्मी को श्रृंगार की सामग्री अर्पित करना बेहद शुभ माना जाता है। ज्योतिषशास्त्र के अनुसार, शुक्रवार के दिन सुहागिन महिलाओं को श्रृंगार की सामग्री का दान करना चाहिए। ऐसा करने से वैवाहिक जीवन सुखी रहता है।

। भाग २ : गृहक्लेश / पारिवारिक जीवन ।

* गृहकलह, क्लेश से बचने के लिए अवश्य करें ये सरल उपाय

---

1) घर के पूजा स्थान पर घी का दीपक जलाएं। कपूर और अष्टगंध की सुगंध प्रतिदिन घर में फैलाएं। गुरुवार और रविवार को गुड़ और घी मिलाकर उसे कंडे पर जलाएं, इससे भी सुगंधित वातावरण होगा।
2) रात्रि में सोने से पहले घी में तयार किया हुआ कपूर जला दें। इसे तनावमुक्ति होगी और गहरी नींद आएगी। शरीर को हमेशा सुगंधित और साफसुथरा बनाए रखें।
3) महीने में 2 बार किसी भी दिन घर में उपले जलाकर लोबान या गूगल की धूनी देने से घर में ऊपरी हवा का बचाव रहता है तथा बीमारी दूर होती है। साथ ही गृहकलह भी शांत हो जाता है।
4) सुगंध हमारी भावनाओं से जुड़ा हुआ होता है और बहुत हद तक यह हमारे मस्तिष्क को प्रभावित करता है। सुगंधित वातावरण बना रहने से मस्तिष्क प्रसन्नचित्त और शांत रहता है जिसके चलते घर में गृहकलह नहीं होते। सुगंध से वास्तुदोष का निवारण भी होता है।

----

* जानिए सिन्दूर के अचूक उपाय !

एक सिन्दूर हमारे जीवन में अनेक खुशियों के लेकर आता है। आज ही सिन्दूर का उपयोग करें और अपने घर से दुर्भाग्य को दूर कर दे।

1) जिन व्यक्तियों को आए दिन वाहनादि से दुर्घटना का सामना करना पड़ रहा है, तो उन्हें मंगलवार के दिन सिन्दूर दान करना चाहिए। इससे शीघ्र ही दुर्घटना का भय आदि समाप्त होता है।
2) यदि आपको आर्थिक तंगी का सामना करना पड़ रहा है तो, एकाक्षी नारियल पर सिन्दूर चढा कर उसे लाल वस्त्र में बांधकर माँ लक्ष्मी से धन की प्रार्थना करते हुए अपने व्यवसाय स्थल पर रख देना चाहिए। इसके प्रभाव से धन की समस्या दूर होने के साधन बनते जायेंगे।

3) यदि सूर्य अथवा मंगल आपके लिए मारक ग्रह है और उनकी महादशा या अंतर्दशा चल रही है, तो सिन्दूर को बहते जल में प्रवाहित करें। ऐसा करने से सम्बंधित ग्रह का प्रभाव कम हो जाता है और सूर्य तथा मंगल मारक न बन कर शुभ ग्रह का फल देने लगते है।

4) यदि प्रतियोगी परीक्षा में आप बैठ रहे है, तो गुरु-पुष्य योग में अथवा शुक्ल पक्ष के पुष्य योग में सिन्दूर का दान करने से परीक्षा में परिश्रम से अधिक सफलता प्राप्त होगी तथा आत्मविश्वास की वृद्धि भी होगी।

5) यदि रक्त से सम्बंधित किसी रोग से आप पीड़ित है, तो सिन्दूर को अपने ऊपर से उतारकर बहते हुए जल में प्रवाहित करें। ऐसा करने से रोग में लाभ मिलता है और रोग शीघ्र शांत हो जाता है।

6) अपने घर के मुख्य द्वार के ऊपर सिन्दूर का स्वस्तिक करने से घर में सुखसमृद्धि एवं शान्ति बनी रहती है।

7) यदि आप कर्जों से परेशान है अथवा व्यवसाय में बाधा उत्पन्न हो रही हो अथवा आय में वृद्धि नहीं हो पा रही हो, तो सिन्दूर का यह प्रयोग आपके लिए अत्यंत लाभकारी रहेगा। एक सियारसिंगी लेकर उसे एक डिब्बी में रख ले और उसे प्रत्येक पुष्य नक्षत्र में सिन्दूर चढाते रहे। ऐसा करने से शीघ्र ही शुभ फल मिलेगा।

8) अपनी तिजोरी में सिन्दूरयुक्त हत्था जोड़ी रखने से आर्थिक लाभ में वृद्धि होने लगती है।

9) जो महिलाए अपने परिवार और पति को स्वस्थ और आर्थिक समस्या से मुक्त देखना चाहती है, उन्हें प्रतिदिन अपनी मांग में सिदूर प्रातः और संध्या के समय अवश्य भरना चाहिए।

पति-पत्नी में झगड़े हो रहे हैं, तो आजमाएं वास्तु के 10 उपाय

आजकल आधुनिक दौर में पति और पत्नी के बीच झगड़े आम हो चले हैं। चाहे कुंडली मिले या न मिले झगड़े जरूर होते हैं। कई बार छोटी-मोटी अनबन भी भयानक रूप धारण करके तलाक की नौबत तक पैदा कर देती हैं क्योंकि अब लोगों में समझदारी और पेशन्स खतम हो चला है। इसके कई कारण हैं। यदि आप रोज के झगड़े से मुक्त होना चाहते हैं, तो कम से कम कई कारणों में से एक वास्तु दोष तो दूर कर ही सकते हैं।

*** आओ जानते हैं 10 उपाय**

1) **इन में से लगाएं कोई एक चित्र :**

शयन कक्ष में राधा-कृष्ण का एक सुंदरसा चित्र, हंसों के जोड़े का सुंदरसा चित्र, हिमालय का सुंदरसा चित्र, शंख का एक बड़ासा चित्र या बांसुरी का चित्र लगाएं। शयन कक्ष में धार्मिक चित्र नहीं होना चाहिए।

2) **कर्पूर मिला घी का दीपक जलाएं :**

घर में रोज कर्पूर मिला घी का दीपक जलाना चाहिए। दीये की लौ दक्षिण दिशा में रखकर जलाएं। दीपक जलाते समय ध्यान रखें कि लौ पूर्व या दक्षिण दिशा की ओर हो। दिशा का ध्यान अगर न रख पाएं तो दीपक के मध्य में बाती लगाना शुभ फल देनेवाला है।

3) **दिशा का करें चयन :**

मुख्य शयन कक्ष, जिसे मास्टर बेडरूम भी कहा जाता हें, घर के दक्षिण-पश्चिम (नैऋत्य) या उत्तर-पश्चिम (वायव्य) की ओर होना

चाहिए। अगर घर में एक मकान की ऊपरी मंजिल है तो मास्टर ऊपरी मंजिल के दक्षिण-पश्चिम कोने में होना चाहिए।

4) **किस दिशा में पैर करके सोएं :**

शयन कक्ष में सोते समय हमेशा सिर दीवार से सटाकर सोना चाहिए। पैर दक्षिण और पूर्व दिशा में करके नहीं सोना चाहिए। उत्तर दिशा की ओर पैर करके सोने से स्वास्थ्य लाभ तथा आर्थिक लाभ की संभावना रहती है। पश्चिम दिशा की ओर पैर करके सोने से शरीर की थकान निकलती है, नींद अच्छी आती है।

5) **खिड़की के पास न सोएं :**

खिड़की के पास बिस्तर न लगाएं। बिस्तर कभी भी खिड़की से सटाकर न लगाएं। ऐसा करने से रिश्तों में तनाव होता है। अगर फिर भी ऐसा संभव न हो पाए तो अपने सिरहाने और खिड़की के बीच पर्दा जरूर डालें। नकारात्मक ऊर्जा रिश्तों पर असर नहीं कर पाएगी।

6) **डबलबेड और आईना :**

डबलबेड के गद्दे दो हिस्सों में न हो। यानी गद्दा एक ही होना चाहिए, वह बीच में विभाजित नहीं होना चाहिए। खराब बिस्तर, तकिया, परदे, चादर, रजाई आदि नहीं रखें। बिस्तर के सामने आईना कतई न लगाएं।

7) **पलंग :**

शयन कक्ष में टूटा पलंग नहीं होना चाहिए। पलंग का आकार यथासंभव चौकोर रखना चाहिए। पलंग की स्थापना छत के बीम के नीचे नहीं होनी चाहिए। शयन कक्ष के दरवाजे के सामने पलंग न लगाएं। लकड़ी से बना पलंग श्रेष्ठ रहता है।

8) शयन कक्ष में न रखें ये सामान :

शयन कक्ष में झाड़ू, जूते-चप्पल, अटाला, इलेक्ट्रॉनिक आइटम, टूटे और आवाज करनेवाले पंखें, टूटी-फूटी वस्तुएं, फटे-पुराने कपड़े या प्लास्टिक का सामान न रखें।

9) रोशनी :

बेडरूम में लाल रंग का बल्ब नहीं होना चाहिए। नीले रंग का लैम्प चलेगा।

10) दीवार :

दीवार में दरारें हों तो उसकी मरम्मत करवा दें।

----

* । भाग ३ : काला जादू का प्रभाव तथा उपाय ।

*** क्या काला जादू सच में होता है?**

काला जादू पारम्परिक रूप से पराप्राकृतिक शक्तियों अथवा दुष्ट शक्तियों की सहायता से अपने स्वार्थी उद्देश्यों को पूर्ण करने के लिए किया जानेवाला एक जादू है। काला जादू एक ऐसी बुरी शक्ति या बुरी ऊर्जा है जो किसी पर बुरा प्रभाव डालती है। यह एक प्रकार की नकारात्मक दृष्टि है और इस नकारात्मक दृष्टि से बचने के लिए वास्तुशास्त्र में सकारात्मक ऊर्जा को बढ़ने के लिए प्रावधान है। वास्तुशास्त्र के अनुसार ये सकारात्मक ऊर्जा काला जादू और नकारात्मक ऊर्जा का प्रभाव काम करती है। सकारात्मक ऊर्जा को बढ़ाने के लिए वास्तुशास्त्र मे कई प्रकार के प्रावधान भी इंगित है, जैसे उदाहरण के लिए किसी भी प्रकार के वास्तु दोष को दूर करने के लिए घर की छत या छाजे पर उत्तर - पूर्व दिशा में पांच तुलसी के पौधे लगाना चाहिए। अगर पांच नहीं लगा सकते तो कम से कम एक तुलसी का पौधा इस दिशा में जरुर लगाएं। इससे घर में आनेवाले नकारात्मक प्रभाव में कमी आती है। वास्तुविज्ञान और वास्तुशास्त्र में विस्तार से बताया गया है की बाहर से घर में आनेवाले लोग भी कई बार कोई नकारात्मक उर्जा को अपने संग लेकर आते हैं। और वास्तुविज्ञान के आधार पर जिनके घर के प्रवेशद्वार पर तुलसी का पौधा होता है उनके घर में इस तरह के नकारात्मक उर्जा का प्रवेश नहीं हो पाता है।

*** काला जादू या फिर कोई अंधविश्वास? जानिए इसके बारे में !**

काला जादू का चलन सदियों से चलता आ रहा है। आज भी कई ऐसे लोग है जो काला जादू पर विश्वास करते है। लेकिन क्या वाकई काला जादू होता है? या फिर ये एक अंधविश्वास है।

काला जादू एक ऐसी कला है जिसके माध्यम से एक व्यक्ति किसी दूसरे व्यक्ति को नुकसान पहुंचा सकता है। भारतसमेत पूरी दुनिया में कई ऐसे तांत्रिक हैं जो इस विद्या का प्रयोग करते हैं। काला जादू गुप्त तरीके से की जानेवाली कला है जिसका प्रयोग अक्सर किसी को वश में करने के लिए, तो कहीं शत्रुपर विजयप्राप्ति के लिए किया जाता है। कहते हैं जिस व्यक्ति पर काला जादू किया जाता है उसका स्वयं पर काबू नहीं रहता। ये व्यक्ति के जीवन को मानसिक, शारीरिक और आर्थिक रूप से प्रभावित करता है।

*** काला जादू का सच क्या है ?**

विज्ञान के अनुसार काला जादू एकमात्र ऊर्जा है जिसका सकारात्मक और नकारात्मक इस्तेमाल होता है। ये जादू और कुछ नहीं बस एक बंच ऑफ एनर्जी है। जो एक स्थान से दूसरे स्थान तक भेजा जाता है या कहें एक इंसान के द्वारा दूसरे इंसान पर भेजा जाता है। अगर आपको घर से निकलते वक्त एक खोपड़ी, खून दिख जाए तो कई बार व्यक्ति बीमार होने लगता है। काम में मन नहीं लगता। जिससे उसे आर्थिक तौर पर भी परेशानी झेलनी पड़ती है। सब कुछ नकारात्मक होने लगेगा क्योंकि एक तरह का भय आपको जकड़ लेता है। ये आपके दिमाग पर असर डालता है।

काला जादू से बचने के उपाय

अगर आपके पास अपने मन को काबू करने की शक्ति है तो नकारात्मक ऊर्जा आपका कुछ नहीं बिगाड़ सकती। वहीं पौराणिक मत के अनुसार कमजोर इच्छाशक्तिवालों को काला जादू से बचने के लिए रुद्राक्ष धारण करना चाहिए। रुद्राक्ष किसी भी किस्म की नकारात्मकता से सुरक्षा करते हैं। इसके साथ ही नकारात्मकता से दूर रहना चाहिए.

ये संकेत बताते हैं, काला जादू हुआ है या नहीं?

काला जादू एक प्रकार का जादू है जिसका उपयोग स्वार्थी रूप से जो आप चाहते हैं उसे प्राप्त करने या किसी और को नुकसान पहुंचाने के लिए किया जाता है। यह माना जाता है कि Black Magic बंगाल और असम में सबसे ज्यादा होता है और यह लोगों को नियंत्रित कर सकता है या उनसे वह करवा सकता है जो आप चाहते हैं। काले जादू में जादू टोना, वशीकरण, स्तम्भन (जादू करना), मारन (जादू और ताबीज का उपयोग करना), भूत और टोटके जैसी चीजें शामिल हैं। काले जादू के प्रयोग से किसी भी व्यक्ति को किसी भी तरह के भ्रम में डाला जा सकता है और उसकी जान भी ली जा सकती है। Black Magic क्या है और इसे कैसे रोका जाए, यह जानना जरूरी है। काला जादू वह जादू है जो बुरी आत्माओं या राक्षसों की मदद से किया जाता है। इस तरह का जादू किसी पर भी बुरा प्रभाव डाल सकता है और यह एक प्रकार की नकारात्मक ऊर्जा होती है जो परेशानी का कारण बन सकती है। जो लोग काले जादू का प्रयोग करते हैं वे आमतौर पर दूसरों से ईर्ष्या करते हैं और बदला लेना चाहते हैं। काले जादू का प्रयोग विशेष क्रिया करके किसी अन्य व्यक्ति को हानि पहुँचाने या चोट पहुँचाने के लिए किया जा सकता है। इस अभ्यास का प्रभाव किसी के मीलों दूर रहने पर भी देखा जा सकता है।

Black Magic का अर्थ है "ऐसा तंत्र-मंत्र जो नकारात्मक शक्तियों को जगाता है।" काले जादू का मुख्य उद्देश्य किसी को दुखी करना या उनकी इच्छा के विरुद्ध उनका उपयोग करना है या उन्हें अपने स्वयं के उद्देश्यों के लिए उपयोग करना है। कुछ लोग मानते हैं कि काला जादू होता है, तो कुछ लोग इसे एक मिथक मानते हैं। अब यह शोध का विषय हो सकता है। इसे एक व्यक्ति द्वारा दूसरे व्यक्ति को भेजा जाना कहा जाता है, या इसे एक रूप से दूसरे रूप में परिवर्तित किया जा सकता है। इसे ही ऊर्जा के संरक्षण के नियम के रूप में जाना

जाता है। इस नियम के अनुसार ऊर्जा को न तो बनाया जा सकता है और न ही नष्ट किया जा सकता है, केवल एक रूप से दूसरे रूप में बदला जा सकता है। अगर आप इसे समझ गए तो आप यह भी समझ सकते हैं कि ऊर्जा सिर्फ ऊर्जा होती है और इसका इस्तेमाल अच्छी या बुरी चीजों के लिए किया जा सकता है। यह सामान्यतः बिजली की तरह है। कुछ लोग बिजली को एक दैवीय शक्ति के रूप में देखते हैं, जबकि अन्य इसे एक खतरनाक शक्ति के रूप में देखते हैं। जब यह आपके घर को रोशन करती है, तो इसे आमतौर पर दिव्य माना जाता है।

*** कैसे होता है काला जादू?**

तंत्रविज्ञान जादू का एक विशेष रूप है जिसका उपयोग लोगों को उनके लक्ष्यों को प्राप्त करने में मदद करने के लिए किया जाता है। यह प्रक्रिया आमतौर पर बहुत अनुभवी लोगों द्वारा ही की जाती है, और इस प्रक्रिया में तरह-तरह के खाद्य पदार्थों से बनी मूर्ति का उपयोग किया जाता है। एक बार भोजन गुड़िया बन जाने के बाद उसे विशेष मंत्रोच्चारण से जीवनदान दिया जाता है। और फिर जिस व्यक्ति के लिए मंत्र किया जाना है उसका नाम लेकर इसे जगाया जाता है।

पुराने दिनों में, पुतलों का उपयोग उन रोगियों के इलाज के लिए किया जाता था जो दूर थे। पुतले को रोगी के बालों से बांध दिया जाता था और उन्हें जगाने के लिए विशेष मंत्रों का प्रयोग किया जाता था और फिर रोगी की ऊर्जा को वहां भेजने के लिए पुतले के उसी हिस्से पर एक सुई चुभो दी जाती थी। कुछ देर तक ऐसा करने के बाद दर्द आमतौर पर दूर हो जाता था। इसलिए इसे रेकी और एक्युप्रेशर का मिश्रण भी कहा जाता है। इस तरह अपनी आध्यात्मिक ऊर्जा की मदद से किसी को जीवन दिया जा सकता है।

कुछ लोग दूसरे लोगों को नुकसान पहुंचाने के लिए काले जादू का इस्तेमाल करते हैं और इस प्राचीन विद्या को Black Magic नाम दिया जाने लगा। दरअसल, उन्होंने अपनी ऊर्जा का इस्तेमाल समाज को नुकसान पहुंचाने के लिए किया।

Black Magic लोगों की बीमारियों और समस्याओं को दूर करने में मदद कर सकता है और इसका उपयोग किसी को परेशान करने के लिए भी किया जा सकता है।

*** किस व्यक्ति पर होता है जादूटोना का असर**

दुनिया में सकारात्मक और नकारात्मक दोनों तरह की ऊर्जा होती है और यह लोगों को अलग-अलग तरह से प्रभावित कर सकती है। नकारात्मक ऊर्जा हर किसी के साथ नहीं जुड़ती है, क्या आपके भी सितारे खराब चल रहे है? (यानी जिनकी कुंडली में ग्रह खराब स्थिति में हैं) इस ऊर्जा से प्रभावित होने की संभावना है। आपकी कुंडली में 12 वें भाव शनि, मंगल, राहु और सूर्य की युति हो सकती है वहीं शनि, चंद्र और केतु की युति हो। साथ ही शनि केतु छठे, आठवें और 12 वें भाव में हो। तो आपको नजर लगना, तंत्र साधना या Black Magic आपके ऊपर हो सकता है। कर्क, वृश्चिक, मीन और कन्या राशिवालों को विशेष रूप से नजर जल्दी लग सकती है। साथ ही इनपर नकारात्मक ऊर्जा का प्रभाव जल्दी हो सकता है।

*** ब्लैक मैजिक से ग्रसित व्यक्ति के लक्षण**

यदि कोई Black Magic, टोना-टोटका या तंत्र-मंत्र का अभ्यास कर रहा है, तो उसके कुछ असामान्य लक्षण हो सकते हैं, जैसे मानसिक रूप से अवरोध महसूस करना, सांस लेने में परेशानी होना या तेज चलना, गले में खिंचाव, बिना किसी चोट के जांघ पर नीले निशान और दिल में भारीपन महसूस होना, पर्याप्त नींद न आना और मन में नकारात्मक ख्याल आते हैं। साथ ही व्यक्ति के चेहरे का तेज खत्म हो जाए, वह हमेशा बीमार, निराश रहे और पूरे समय सोए रहने का मन करे तो यह संकेत हो सकता है कि आप पर Black Magic किया गया है। कई बार व्यक्ति का चेहरा अचानक से पीला या काला पड़ना शुरू हो जाता है, आंखें

लाल रहने लगती हैं। आसपास दिखाई देनेवाले लोगों या वस्तुओं का भ्रम होना आदि।

इसके अलावा घर में बिना किसी विशेष कारण के कलह या लड़ाई-झगड़ा, निराशा, बेचैनी और अशांति की भावनाएँ तथा उत्साह की कमी भी इसी का परिणाम है। कई लोगों को करियर में समस्या आने लगती है, व्यापार में बार-बार नुकसान होना, समस्याएं आना भी Black Magic का असर हो सकता है। कुछ मामलों में अप्राकृतिक मौत भी हो सकती है। यदि आपको अपने घर में इनमें से कोई भी संकेत दिखाई देता है, तो समस्या को हल करना महत्वपूर्ण है। कहते हैं कि यदि इस काले जादू का समय रहते ही उपाय न किया जाए तो यह अत्यंत विनाशकारी, भयानक तथा घातक हो सकता है जिसके परिणामस्वरूप जातक की जिंदगी तबाह तथा बर्बाद हो सकती है।

*** घर में हुआ है काला जादू? वास्तुशास्त्र की इन टिप्स से करें घर का बचाव** !

कई बार बिना किसी कारण व्यक्ति को मानसिक तनाव का सामना करना पड़ता है। साथ ही काफी मेहनत करने के बाद भी अगर आर्थिक स्थिति में सुधार नहीं हो रहा है और लगातार बीमारी और धन हानि का सामना करना पड़ रहा है तो हो सकता है कि व्यक्ति पर काला जादू हो। वास्तुशास्त्र में काला जादू का प्रभाव दूर करने के कई उपाय बताए हैं। आईए जानते हैं काला जादू दूर करने की वास्तु टिप्स।

आपने कई बार देखा होगा की कुछ लोगों का काम कई बार बनते बनते रह जाता हैं। कई बार घरपरिवार के लोग बीमार पड़ने लगते हैं। साथ ही व्यक्ति की आर्थिक स्थिति भी कुछ ठीक नहीं रहती। व्यक्ति को एक के बाद एक धनसंबंधी परेशानियों का सामना करना पड़ता है। वास्तुशास्त्र के अनुसार, अगर इस तरह के लक्षण दिखाई देते हैं तो हो सकता है की आपके घर में नकारात्मक

ऊर्जा हो। आम भाषा में कहे तो काला जादू हो। वास्तुशास्त्र में इससे बचने के लिए भी कुछ आसान टिप्स बताई गई हैं। सबसे पहले जानते हैं की अगर किसी व्यक्ति पर काला जादू है तो वह मानसिक रूप से थोड़ा परेशान रहता है। दिल की धड़कन बिना किसी कारण अचानक बढ़ जाती है। अगर आपके ऊपर काला जादू हुआ है तो आप मन और मस्तिष्क में कमजोरी महसूस करने लगते हैं। रात को सोते समय भयानक सपने आते हैं। काले जादू से प्रभावित लोगों को अकेलापन पसंद आने लगता है। भूख-प्यास नहीं लगती, अधिकांश बीमार रह सकते हैं। साथ ही घर में मौजूद तुलसी भी सूखने लगती है। वास्तुशास्त्र के अनुसार 1 रुपये का सिक्का लेकर किसी भी मंदिर में जाएं। एक मुट्ठी चावल में रखकर अपनी समस्या बता कर चुपचाप मंदिर के एक कोने में रख दें। ऐसा करने से काला जादू जल्द ही खत्म हो जाएगा। वास्तुशास्त्र के अनुसार शुक्रवार के दिन अपने घर के मंदिर में भगवान के सामने एक चौकी बनाकर उस पर जल से भरा कलश रखें और उस कलश पर केसर से स्वस्तिक बनाएं और उस पर 1 रुपये का सिक्का रखें। रोज शाम को पूजा के बाद घर के मुख्य दरवाजे के कोने पर घी का एक चौमुखा दीपक जलाएं और इस दीपक में 1 रुपये का सिक्का डालें। ऐसा करने से घर की दरिद्रता तो दूर होगी ही साथ ही घर की नकारात्मक ऊर्जा भी खत्म हो जाएगी। अपनी जेब में हमेशा मोरपंख और एक रुपए का सिक्का रखें। ऐसा करने से भाग्य मजबूत होगा। जीवन में नए अवसर प्राप्त होंगे और नकारात्मक ऊर्जा भी समाप्त होगी।

* **ब्लैक मैजिक से बचाव और निवारण के दस उपाय**

1) बुरी नजर से बचने के लिए प्रतिदिन हनुमान चालीसा का पाठ करना चाहिए और मंगलवार को मंदिर जाना चाहिए। पौराणिक कथा के अनुसार, जब हनुमानजी का आह्वान किया जाता है, तो सभी भूत-प्रेत

आपसे दूर भाग जाते हैं। इस तरह, आप उनकी बुरी नज़रों से सुरक्षित रहेंगे।

2) काले जादू से बचने के लिए आपको अपनी सुरक्षा के लिए अपने घर में गोमूत्र छिड़कना चाहिए। ऐसा इसलिए क्योंकि कई लोग गोमूत्र को बहुत शक्तिशाली और पवित्र मानते हैं। कहा जाता है कि गाय के अंदर सभी देवी-देवताओं का वास होता है, इसलिए गौमाता से जो कुछ भी मिलता है वह बहुत खास होता है। हो सके तो अपने स्वास्थ्य को लाभ पहुंचाने के लिए थोड़ा सा गाय का मूत्र पिएं।

3) कपूर को प्रतिदिन सुबह और शाम के समय जलाना चाहिए। कभी-कभी गुड़ और घी मिलाकर उसके कंडे पर धूप देना चाहिए।

4) यदि आप बुरी आत्माओं या काले जादू से सुरक्षित रहना चाहते हैं, तो आप हर दिन भगवान गणेश को एक पूरी सुपारी चढ़ा सकते हैं और एक कटोरी चावल लेकर किसी भिखारी को दे सकते हैं। इससे इन चीजों के हानिकारक प्रभावों को आपसे दूर करने में मदद मिलेगी।

5) दिवाली की रात को विशेष तौर पर बनाया गया काजल महत्वपूर्ण होता है जिसे बुरी नजर से बचाने के लिए इस्तेमाल किया जाता है। यह काजल काले जादू से भी बचा सकता है। सरसों या शुद्ध घी का दीपक जलाकर उससे तैयार होनेवाले काजल को लगाने से भूत-प्रेत के भय से हमेशा के लिए आपकी रक्षा होगी।

6) अचानक आनेवाली परेशानियों से छुटकारा पाने के लिए आप एक पानी भरे नारियल को अपने सिर के ऊपर से 21 बार वारें और किसी मंदिर में जाकर उसे जला दें। यह उपाय किसी मंगलवार या शनिवार को करना चाहिए। 5 शनिवार ऐसा करने से जीवन में अचानक आए कष्ट से

छुटकारा मिलेगा। यदि परिवार के किसी सदस्य की सेहत खराब है तो उसके लिए यह उपाय करें।

7) आप पांच शनिवार को शनिमंदिर में छाया दान कर सकते हैं। इसका अर्थ है एक कटोरी में सरसों का तेल भरकर उस तेल में अपना चेहरा देखकर उसे मंदिर में रख दें।

8) आप अपने घर में एक सफेद आंकड़े का पौधा लगा सकते हैं और इसकी जड़ों को कुछ दिनों के लिए अपने गले में बांध सकते हैं।

9) एक नींबू लें और इसे 21 बार अपने उपर या पीड़ित व्यक्ति के उपर से वारे और उसे किसी चौराहे पर रख आएं। पीछे पलटकर ना देंखे।

10) जावित्री, गायत्री केसर और गुग्गल ये सभी चीजें मिलाकर 21 दिन तक सुबह-शाम गाय के गोबर के कंडे/उपलेपर रखकर जलाएं।

11) कालिकामाता की कृपा पाने के लिए ॐ क्रीं का 21 बार जाप करें। इसके बाद उसे 7 गुलाब के फूल चढ़ाएं और इनमें से एक गुलाब के 7 पत्ते उस व्यक्ति को खिला दें।

। भाग ४ : नौकरी / प्रमोशन की समस्या ।

मनचाही नौकरी पाने के लिए करें ये आसान उपाय !

1) यदि तमाम कोशिशों के बावजूद भी आपको नौकरी नहीं मिल रही है तो नियम रूप से सूर्यदेव की आराधना करें। रोजाना नहीं कर पा रहे हैं तो रविवार को सूर्यदेव आरधना जरूर करें। सूर्य भगवान को जल चढ़ाने से उच्च पद के साथ अच्छी नौकरी भी मिलती है।

2) यदि आप किसी इंटरव्यू के लिए जा रहे हैं तो घर से निकलने से पहले दही चीनी खाकर निकलें। साथ ही घर के बड़े-बुजुर्गों का आशीर्वाद जरूर लें। घर से निकलते समय सबसे पहले अपना दायां पैर आगे रखें।

3) हर शनिवार शनिदेव की पूजा करें और पूजा करते हुए 'ऊं शं शनैश्चराय नम:' का 108 बार जाप करें। ऐसा करने से आपकी कुंडली में जितनी बाधाएं हैं, सभी दूर होंगी और नौकरी शीघ्र मिलेगी।

4) इंटरव्यू के लिए जाते वक्त गाय को गुड़ और चना खिलाएं। इसके अलावा आटे के पेड़े में गुड़ रखकर गाय को खिलाने से भी नौकरी की संभावनाएं प्रबल होती हैं। एक बात का ध्यान रहे कि आप अपने हाथों से गाय को यह खिलाएं, तभी इसका फल मिलेगा।

5) रोजाना सुबह पक्षियों को दाना खिलाने से भी नौकरी में आ रही बाधाएं दूर होती हैं। प्रतिदिन पक्षियों को सात प्रकार के अनाज मिलाकर दाना डालें। ऐसा करने से जल्द नौकरी मिलेगी।

6) अपने घर में उड़ते हुए हनुमान जी की तस्वीर लगाएं और रोजाना उनकी पूजा करें। आपकी सारी परेशानियां दूर हो जाएंगी और जल्द ही मनचाही नौकरी मिलेगी।

मनचाही नौकरी पाने के लिए कुछ आसान उपाय

आज के समय में पढ़ाई के बाद मनचाही नौकरी ढूंढना सबसे मुश्किल काम होता है। कुछ लोगों को कम मेहनत में ही अच्छी नौकरी मिल जाती है। वहीं कुछ ऐसे भी होते हैं, जिन्हे तमाम प्रयासों के बाद भी ढंग की नौकरी नहीं मिल पाती है। ऐसे में जब कड़ी मेहनत के बाद भी हर जगह इंटरव्यू में असफलता मिलने लगती है तो व्यक्ति हताश और निराश हो जाता है। लोग समझ नहीं पाते हैं कि इतनी मेहनत के बावजूद भी सफलता क्यों नहीं मिल पा रही है। अंकशास्त्र के अनुसार किसी भी कार्य में सफलता के लिए मेहनत के साथ ही भाग्य का साथ देना भी आवश्यक होता है। यदि आपकी नौकरी में बार-बार बाधाएं आ रही हैं और अच्छी नौकरी नहीं मिल पा रही है तो आप कुछ उपायों को कर सकते हैं। मान्यता है कि इन उपायों से आपकी नौकरी संबंधित समस्याओं का अंत होता है। तो चलिए जानते हैं उपाय -

मंगलवार के दिन करें ये उपाय

नौकरी मिलने में किसी भी प्रकार की बाधा आ रही है तो मंगलवार के दिन हनुमानजी के मंदिर में घी में मिश्रित सिंदूर लगाएं। हनुमानजी को बेसन की मिठाई का भोग लगाएं। मंदिर में बैठकर हनुमान चालीसा का पाठ करें और नौकरी के लिए प्रार्थना करें।

1) **इंटरव्यू से पहले करें ये टोटका**

नौकरी के लिए इंटरव्यू देने जा रहे हैं तो ऐसे में एक साधारण उपाय को करने से आप इंटरव्यू में सफल हो सकते हैं। इसके लिए एक नींबू और लौंग लेकर हनुमान मंदिर जाएं और नींबू में चार लौंग गाड़ दें।

इस नींबू को हाथ में लेकर 'ऊं श्री हनुमंते नम:' का 108 बार जाप करें और इसे अपने साथ इंटरव्यू में ले जाएं। आपको इससे सफलता मिलेगी।

2) **पीपल के पेड़ पर चढ़ाएं जल**

मान्यताओं के अनुसार, पीपल के वृक्षपर पितरों का वास माना जाता है। आपको पीपल के वृक्षपर रोज सुबह-शाम जल चढ़ाना चाहिए। शनिवार के दिन जल में थोड़ा जल मिला लें। शनिवार की शाम को पीपल के नीचे तेल का दीपक जलाएं। यह उपाय नौकरी मिलने में आ रही बाधा को दूर करेगा।

*** गुरु और शनि की स्थिति कमजोर होनेपर क्या करें ?**

गुरु की स्थिति कमजोर होने का असर भी नौकरी और व्यापार में देखने को मिलता है। इससे बचने के लिए रोज गुरुमंत्र का जाप करें या फिर कोई उपाय करें। इसके लिए गुरुवार के दिन बृहस्पति भगवान की पूजा करें। साथ ही ॐ ग्रां ग्रीं ग्रौं सः गुरुवे नमः मंत्र का जाप भी करें।

*** कुंडली में शनि की स्थिति**

यदि कुंडली में शनि की स्थिति सही नहीं होती तो इसका सीधा असर बिजनेस और नौकरी में देखने को मिल जाता है। ऐसे में शनि के प्रकोप को शांत करने के लिए शनिदेव की उपासना करनी चाहिए, साथ ही नीलम रत्न को धारण करना चाहिए।

मुझे अपने सपनों का प्रमोशन क्यों नहीं मिल रहा है?

वैदिक ज्योतिष के अनुसार, कुंडली में दशम भाव करियर की संभावनाओं, नौकरी में पदोन्नति और व्यावसायिक सफलता के लिए जिम्मेदार होता है। इसके अलावा दशम भाव जातक के कर्म पर भी शासन करता है। यदि दशम भाव में दशम भाव के स्वामी के साथ ही लाभकारी ग्रहों की युति है, तो जातक को अपने पेशेवर जीवन में आशाजनक परिणाम मिलेंगे। वहीं यदि दशम भाव में दशम भाव के स्वामी के साथ अशुभ ग्रहों की युति हो तो जातक को अपने पेशेवर जीवन में कष्ट होगा। खगोलीय पिंडों की स्थिति के अलावा, कड़ी मेहनत भी एक महत्वपूर्ण भूमिका निभाती है, और यह हमारे जीवन में अत्यधिक महत्वपूर्ण है। जैसा कि ज्यादातर चीजें चलती हैं। कड़ी मेहनत, समर्पित प्रयास, और दृढ़ संकल्प आपको वहाँ ले जा सकता है जहाँ आप होना चाहते हैं।

सूर्य ग्रह आपकी आकांक्षाओं और उपलब्धियों के लिए जिम्मेदार है। बुध आपके ज्ञान और बुद्धिमत्ता पर शासन करता है। मंगल आपके पेशेवर सपनों को प्राप्त करने की आपकी क्षमता को नियंत्रित करता है और बृहस्पति नए अवसरों का स्वागत करता है। इसके अलावा, बुध आपके करियर को आगे बढ़ाने में मदद कर सकता है। बृहस्पति आपको आय के कई स्रोतों का पता लगाने में सक्षम बना सकता है और भगवान शनि या शनिदेव आपको आपके करियर के संदर्भ में आपके प्रयासों के आधार पर पुरस्कृत कर सकते हैं।

आप सोच रहे होंगे कि आपको वह पदोन्नति क्यों नहीं मिल रही है जिसकी आप इच्छा रखते हैं। आपके पेशे के संबंध में आपके लिए क्या गलत हो सकता है या तुरंत नौकरी कैसे प्राप्त करें। दसवें ग्रह और उसके खगोलीय पिंडों को देखकर इन सवालों का जवाब दे सकते हैं। हमारे जीवन की हर एक चीज आकाशीय पिंडों और हमारी कुंडली के ग्रहों में उनकी स्थिति पर निर्भर करती है।

*** नौकरी में प्रमोशन पाने के उपाय :**

नौकरियां जीवन का एक अनिवार्य पहलू हैं और हम में से अधिकांश ऐसी नौकरी प्राप्त करना चाहते हैं जो हमें अच्छी आय, अतिरिक्त लाभ और एक सुरक्षित भविष्य प्रदान करे। जहां हम में से कई लोग एक अच्छे पेशे या करियर में बसना चाहते हैं, वहीं अन्य अपना खुद का व्यवसाय शुरू करना चाहते हैं जो उन्हें लंबे समय तक बनाए रखे। आगे आप पढ़ेंगे करियर के लिए उपाय।

- वास्तुशास्त्र के अनुसार, आपके व्यावसायिक स्थान की उत्तर दिशा आपके व्यावसायिक विकास से संबंधित है। उदाहरण के लिए, यदि आप घर या कार्यालय से काम करते हैं, तो आपको उत्तर दिशा पर ध्यान देना चाहिए और इसे हमेशा नकारात्मक ऊर्जाओं से मुक्त रखना चाहिए। उत्तर दिशा में पानी का बर्तन, चाहे वह एक्वेरियम हो या कुछ और, रखने की सलाह दी जाती है, साथ ही एक ऐसी तस्वीर भी रखें जिसमें नीला और काला रंग हो। ये तत्व आपके करियर में समृद्धि सुनिश्चित करेंगे।
- प्रमोशन पाने के लिए प्रमोशन भविष्यवाणी ज्योतिष का सहारा लेना और मनचाही नौकरी पाने के लिए किसी मंत्र का जाप करना सबसे अच्छा रहेगा। इसलिए, यह सबसे अच्छा होगा यदि आप दिन में दो बार कुंडली के दशम भाव को समर्पित विशेष मंत्रों का जाप करें।
- यदि आप अशुभ ग्रहों के योग के कारण पीड़ित हैं, तो नवग्रह पूजा करना सबसे अच्छा होगा, जो खगोलीय पिंडों के हानिकारक प्रभावों को कम करने में मदद करेगा। यह विशेष रूप से हवन या पूजा जातक के घर में किए जाने के लिए सबसे उपयुक्त है। इसके अलावा, नवग्रह अभिषेक चंद्रमा के उत्तर और दक्षिण नोड राहु और केतु के प्रभाव को कम करने में मदद करता है। राहु और केतु छाया ग्रह हैं जिनका व्यक्ति के जीवनपर अशुभ प्रभाव पड़ता है।

- सूर्योदय के समय सूर्यदेव को पवित्र जल चढ़ाने और सूर्य मंत्र: ॐ पुष्णे नमः का जाप करने से आप नकारात्मकता से दूर रहने और अपने करियर में सफलता प्राप्त करने की शक्तियां प्राप्त कर सकते हैं। प्रत्येक रविवार को सूर्योदय से पहले सूर्यदेव की पूजा करने की सलाह दी जाती है। यह आपके लिए बहुत फायदेमंद होगा यदि आप अपने ऑफिस के लिए निकलने से पहले सुबह सबसे पहले उन्हें जल चढ़ाएं।
- साथ ही नौकरी में सफलता के लिए शनिदेव मंत्र एक चमत्कारी मंत्र है। मनचाही नौकरी तुरंत पाने के लिए इस विशेष मंत्र का जाप करें। ॐ श्री शनिदेवाय: नमो नमः। ॐ श्री शनिदेवाय: शांति भवः। ॐ श्री शनिदेवाय: शुभं फलः। ॐ श्री शनिदेवाय: फलः प्राप्ति फलः। आप शनि के हानिकारक प्रभावों को कम कर सकते हैं और अपने जीवन में विकास कर सकते हैं।
- व्यापार वृद्धि यंत्र एक सकारात्मक यंत्र है जो आपको वित्तीय संकटों को हल करने में मदद करेगा। इसके अलावा, मान लीजिए कि आप बहुत अच्छी कमाई नहीं कर रहे हैं। उस स्थिति में, यह अनूठा यंत्र आपको आय या मूल्यांकन के वैकल्पिक स्रोतों का स्वागत करने में सक्षम करेगा जो धन के प्रवाह को बढ़ाएगा और आपकी वित्तीय स्थिति को बदल देगा।

। भाग ५ : श्रापित दोष ।

श्रापित दोष यह ज्योतिषशास्त्र में एक योग होता है जो तब बनता है जब कुंडली में राहु और शनि ग्रह एक ही भाव में युति करते हैं। यह योग व्यक्ति के जीवन में अनेक प्रकार के नकारात्मक प्रभावों को लेकर आ सकता है।

*** श्रापित दोष के प्रभाव :**

1. **स्वास्थ्य :**

   श्रापित दोष से व्यक्ति को स्वास्थ्यसंबंधी अनेक समस्याएं हो सकती हैं। इनमें मानसिक विकार, त्वचारोग, पाचनसंबंधी समस्याएं और जोड़ों का दर्द शामिल हो सकते हैं।

2. **वित्त :**

   श्रापित दोष से व्यक्ति को आर्थिक परेशानियों का सामना करना पड़ सकता है। नौकरी में अस्थिरता, व्यापार में नुकसान, और धन हानि हो सकती है।

3. **रिश्ते :**

   श्रापित दोष से व्यक्ति के पारिवारिक और सामाजिक रिश्तों में खटास आ सकती है। पति-पत्नी के बीच झगड़े, बच्चों से मतभेद, और मित्रों से अनबन हो सकती है।

4. **शिक्षा :**

   श्रापित दोष से व्यक्ति की शिक्षा में बाधाएं आ सकती हैं। एकाग्रता में कमी, परीक्षाओं में असफलता और शिक्षा में रुचि की कमी हो सकती है।

श्रापित दोष के उपाय :

1. **शनि और राहु ग्रहों की शांति पूजा :**

   यह पूजा एक योग्य ज्योतिषी द्वारा करवाई जानी चाहिए।

2. **दान :**

   श्रापित दोष से मुक्ति पाने के लिए दान करना भी एक प्रभावी उपाय है। शनि और राहु ग्रहों से संबंधित वस्तुओं का दान करना शुभ माना जाता है।

3. **मंत्र जाप :**

   श्रापित दोष से मुक्ति पाने के लिए शनि और राहु ग्रहों के मंत्रों का जाप करना भी एक प्रभावी उपाय है।

4. **रत्न धारण :**

   श्रापित दोष से मुक्ति पाने के लिए नीलम और गोमेद रत्न धारण करना भी एक प्रभावी उपाय है।

- यह ध्यान रखना महत्वपूर्ण है की, श्रापित दोष का प्रभाव हर व्यक्ति पर अलग-अलग हो सकता है। यह व्यक्ति की कुंडली में अन्य ग्रहों की स्थिति और योगों पर भी निर्भर करता है।
- श्रापित दोष से मुक्ति पाने के लिए आपको किसी योग्य ज्योतिषी से सलाह लेनी चाहिए।

यहाँ कुछ अन्य महत्वपूर्ण जानकारी दी गई है :

- श्रापित दोष केवल तभी बनता है जब राहु और शनि ग्रह एक ही भाव में हों। यदि वे अलग-अलग भावों में हों तो यह योग नहीं बनता।
- श्रापित दोष का प्रभाव व्यक्ति की कुंडली में अन्य ग्रहों की स्थिति और योगों पर भी निर्भर करता है।
- श्रापित दोष से मुक्ति पाने के लिए कई उपाय किए जा सकते हैं। इनमें शांति पूजा, दान, मंत्र जाप, और रत्न धारण शामिल हैं।

। भाग ६ : वास्तुशास्त्रसंबंधी उपाय ।

1. घर में कछुए की मूर्ति रखने से क्या होगा?
2. धन-समृद्धि पाने के लिए घर में कछुए की मूर्ति रखी जाती है।
3. घर में कछुआ रखने से वास्तुदोष का निवारण होता है।
4. घर में कछुए की मूर्ति रखने से भाग्य सूर्य की तरह चमकता है।

कछुआ वास्तु उपाय के फायदे :

ज्योतिष / वास्तुशास्त्र के अनुसार कछुए की मूर्तियां घर में सकारात्मक ऊर्जा को बढ़ाने और उसे आकर्षित करने तथा नकारात्मक ऊर्जा दूर भगाने के लिए जानी जाती हैं। वास्तुशास्त्र के अनुसार कछुआ उत्तर दिशा का संरक्षक माना गया है। यह जहां उम्र बढ़ानेवाला, वहीं जीवन में प्रगति के रास्ते खोलने में भी सहायक होता है।

शास्त्रों के अनुसार, पूर्व और उत्तर दिशा कछुए की स्थापना हेतु सर्वोत्तम मानी गई है। यदि आप घर की उत्तर दिशा में एक धातु की प्लेट में पानी भरकर कछुआ या कछुए की मूर्ति रखते हैं तो आपके जीवन के सभी कष्ट दूर हो सकते है। बस इस बात का ध्यान रखना आवश्यक हैं की कछुए की मूर्ति का मुंह उत्तर दिशा में हो।

आइए जानते हैं कछुए की मूर्ति घर में रखने के फायदे -

1. कछुए की मूर्ति को घर में रखने से आर्थिक उन्नति तथा सकारात्मक ऊर्जा का संचार होगा।
2. कछुए को एक प्रभावशाली यंत्र के समान ही माना जाता है, जिसे घर में रखने से वास्तुदोष दूर होता है और घर में खुशियां आती है।
3. धर्म की मानें तो कछुए को शुभता का प्रतीक माना जाता है। अत: कछुए की मूर्ति घर में रखना लाभकारी है।

4. ड्राइंग रूम कछुए का सर्वोत्तम स्थान माना गया है। अत: कछुए की मूर्ति को घर में रखने से निरंतर उन्नति होती है।

5. घर में कछुआ या कछुए की मूर्ति रखने से अपार धन-समृद्धि के योग बनते है।

कहीं आपके घर के दरवाजे की डोअर बेल तो नहीं बन रही सभी मुसीबतों की घंटी !

1. वास्तुशास्त्र के मुताबिक घर के मुख्य द्वार के बाहर डोअर बेल होना बेहद जरूरी है। क्योंकि घंटी के न होने पर घर में निगेटिव एनर्जी दस्तक दे सकती है। ऐसा इसलिए क्योंकि डोअर बेल के ना होने पर आनेवाला व्यक्ति दरवाजे को खटखटाता है।

2. हमारी जिंदगी में अपने सपनों का घर बनाना बड़ी उपलब्धि होती है। हम कड़ी मेहनत करके चार पैसे जोड़कर बड़े शौक से अपना आशियाना बनाते हैं। वहीं, वास्तु की जानकारी के अभाव में हमारी छोटी सी गलती बड़ी मुसीबत को आमंत्रित कर सकती है। हम आज बात घर के दरवाजे पर लगनेवाली डोअर बेल के बारे में कर रहे हैं। अगर आप वास्तु के नियमों का पालन नहीं करेंगे तो सामान्य से दिखने वाली डोअर बेल आपके लिए मुसीबतों की घंटी बन सकती है।

डोअर बेल को लगाने का नियम

आपको पता है कि घर की डोअर बेल को लगाने का भी कुछ नियम होता है। वास्तुशास्त्र में घर को व्यवस्थित करने के लिए कुछ नियम और उपाय बताए गए हैं। इसमें डोअर बेल के लिए भी कुछ टिप्स बताए गए हैं। मान्यता है कि मेन डोअर पर गलत तरीके से लगी डोअर बेल घर में आसानी से बड़ी मुसीबतों को प्रवेश कराने में सहायक बन सकती हैं। इसलिए घर के मेन डोअर पर लगनेवाली बेल को लेकर भी आपको वास्तु का विशेष ध्यान रखना चाहिए।

घर में डोअर बेल होना बेहद जरूरी

वास्तुशास्त्र के मुताबिक घर के मुख्य द्वार के बाहर डोअर बेल होना बेहद जरूरी है। क्योंकि घंटी के न होने पर घर में निगेटिव एनर्जी दस्तक दे सकती है। ऐसा इसलिए क्योंकि डोअर बेल के ना होने पर आनेवाला व्यक्ति दरवाजे को खटखटाता है। दरवाजे की कर्कश खटखट आवाज से आपके घर में अनचाहे तौर पर निगेटिव एनर्जी दस्तक दे देती है। इससे घर में रहनेवाले लोगों के दिमाग पर बुरा असर पड़ता है।

दरवाजे की खटखट से नहीं होता लक्ष्मी का वास

वास्तुशास्त्र की माने तो जहां झगड़े और निगेटिव एनर्जी होती है वहां लक्ष्मी का भी वास नहीं होता। ऐसे में दरवाजे की खटखट से उत्पन्न निगेटिव एनर्जी आपके आर्थिक संकट का कारण भी बन सकती है।

नेम प्लेट के पास लगाएं डोअर बेल

सामान्य तौर पर हम घर के मेन डोअर पर नेम प्लेट लगाते हैं। यह नेम प्लेट घर के सबसे वरिष्ठ सदस्य के नाम की होती है, जिसमें उसके नाम के साथ उसका पद भी लिखा होता है। कई बार हम डोअर बेल को उस नेम प्लेट के नीचे लगा देते हैं, लेकिन ऐसा नहीं करना चाहिए। वास्तु के मुताबिक मेन डोअर पर लगाए जाने वाले डोअर बेल का स्विच नेम प्लेट के ऊपर लगाना चाहिए। इससे परिवार के मुखिया का यश बढ़ता है।

लगाइए मधुर आवाज की डोअर बेल

वास्तुशास्त्र के मुताबिक ट्रिंग ट्रॉन्ग या ट्रिंग ट्रिंग वाली डोअर बेल नहीं लगानी चाहिए। हालांकि, ज्यादातर घरों में ऐसी ही डोअर बेल देखने को मिलती

है। वास्तु के मुताबिक डोअर बेल की चुभने वाली आवाज निगेटिविटी का कारण बन सकती है।

धार्मिक मान्यता के अनुसार करें डोअर बेल का चयन

इसके स्थान पर आप अपनी धार्मिक मान्यता के मुताबिक ओम, ईश्वर, नवकार या अपने आराध्य के नाम के भजनवाली डोअर बेल लगा सकते हैं। इससे आपका मन तो शांत होगा ही डोअर बेल के बहाने आप प्रभु को याद कर सकेंगे। वहीं, घर में निगेटिव एनर्जी से छुटकारा भी मिल जाएगा।

। भाग ७ : कैसे पता करें शुभमुहूर्त ।

चौघड़िया क्या होता है, इसे किस तरह से जाना जा सकता है?

ऐसा अक्सर होता है कि हमें किसी दिन कोई कार्य करना है लेकिन उस दिन कोई शुभ योग मुहूर्त नहीं है तो फिर दिन या रात के हिसाब से शुभ, अमृत या लाभ का चौघड़िया देखकर उस दौरान मांगलिक या कोई महत्वपूर्ण कार्य कर सकते हैं। जानिए चौघड़िया क्या है और इसे किस तरह जान सकते हैं।

चौघड़िया किसे कहते हैं?

सूर्योदय और सूर्यास्त के मध्य के समय को दिन का सूर्यास्त और अगले दिन सूर्योदय के मध्य के समय को रात्रि का चौघड़िया कहा जाता है। चौघड़िया में चौ का अर्थ चार है और घड़ी का अर्थ है समय अवधि। इसे चतुर्षिका मुहूर्त के रूप में भी जाना जाता है। ज्योतिषीय दृष्टि से अच्छे और बुरे सात चौघड़िया हैं। सूर्योदय से सूर्यास्त तथा सूर्यास्त से सूर्योदय के बीच के समय को 30-30 घटी में बांटा गया है। चौघड़िया मुहूर्त के लिए, उसी 30 घटी की समय अवधि को 8 भागों में विभाजित किया गया है। जिसके परिणामस्वरूप दिन और रात के दौरान 8-8 चौघड़िया मुहूर्त होते हैं। एक घटी लगभग 24 मिनट की होती है तथा एक चौघडिया 4 घटी (लगभग 96 मिनट) का होता है। प्रत्येक चौघड़िया मुहूर्त लगभग 4 घटी का होता है। इसलिए इसे चौघड़िया = चौ (चार) + घड़िया (घटी) के नाम से जाना जाता है। इसे चतुर्षिका मुहूर्त भी कहते हैं।

ये शुभ या अशुभ चरण चौघड़िया तालिका के साथ निर्धारित होते हैं।

कौनसा चौघड़िया अच्छा होता है?

किसी शुभ कार्य को प्रारम्भ करने के लिए अमृत, शुभ, लाभ और चर, इन चार चौघड़ियाओं को उत्तम माना गया है।

शेष तीन चौघड़िया - रोग, काल और उद्वेग को त्याग देना चाहिए।

चौघड़िया मुहूर्त का चयन करते समय, वार वेला, काल वेला, राहु काल और काल रात्रि के समय को त्याग दिया जाना चाहिए।

यानी यदि शुभ चौघड़िया के दौरान राहु काल या कोई सा अशुभ काल चल रहा है तो उस समय को त्यागकर दूसरे चौघड़िया का चयन करें।

वार वेला और काल वेला दिन के दौरान प्रचलित हैं। जबकि रात के दौरान काल रात्री प्रचलित है।

प्रत्येक दिन का पहला मुहूर्त उस दिन के ग्रह स्वामी द्वारा प्रभावित होता है। उदाहरण के लिए, रविवार का पहला चौघड़िया मुहूर्त सूर्य द्वारा प्रभावित है। इसके बाद के मुहूर्त क्रमशः शुक्र, बुध, चन्द्रमा, शनि, बृहस्पति तथा मंगल द्वारा प्रभावित चौघड़िया आते हैं।

दिन का अन्तिम मुहूर्त भी उस दिन के ग्रह स्वामी द्वारा प्रभावित माना गया है।

1) उद्वेग चौघड़िया

ज्योतिष में सूर्य के प्रभाव को आमतौर पर अशुभ माना गया है। इसीलिए इसे उद्वेग के रूप में चिह्नित किया जाता है। हालांकि, इस चौघड़िया में सरकारी कार्यों को किया जा सकता है।

2) चर चौघड़िया

शुक्र को एक शुभ और लाभकारी ग्रह माना जाता है। इसलिए इसे चर या चंचल रूप में चिह्नित किया गया है। शुक्र की चर प्रकृति के कारण, चर चौघड़िया को यात्रा उद्देश्य के लिए सबसे उपयुक्त माना जाता है।

3) लाभ चौघड़िया

बुध ग्रह भी शुभ और लाभदायक ग्रह है। इसलिए इसे लाभ के रूप में चिह्नित किया गया है। लाभ के चौघड़िया में शिक्षा या किसी विद्या को सिखने का कार्य प्रारंभ किया जाता है, तो वह फलदायी होता है।

4) अमृत चौघड़िया

चंद्र ग्रह अति शुभ और लाभकारी ग्रह है। इसीलिए इसे अमृत के रूप में चिह्नित किया गया है। अमृत चौघड़िया को सभी प्रकार के कार्यों के लिए अच्छा माना जाता है।

5) काल चौघड़िया

शनि एक पापी ग्रह है। इसीलिए इसे काल के रूप में चिह्नित किया गया है। काल चौघड़िया के दौरान कोई शुभ कार्य नहीं करना चाहिए। हालांकि, कुछ मामलों में धनोपार्जन हेतु की जाने वाली गतिविधियों के लिए यह लाभदायक सिद्ध हो सकता है।

6) शुभ चौघड़िया

बृहस्पति अत्यंत ही शुभ ग्रह है और यह लाभकारी ग्रह माना गया है। इसलिए इसे शुभ के रूप में चिह्नित किया जाता है। शुभ चौघड़िया को विशेष रूप से विवाह समारोह आयोजित करने के लिए उपयुक्त माना जाता है।

7) रोग चौघड़िया

मंगल एक क्रूर और अनिष्टकारी ग्रह है। इसलिए इसे रोग के रूप में चिह्नित किया गया है। रोग चौघड़िया के दौरान कोई शुभ कार्य नहीं करना चाहिए। लेकिन युद्ध में शुत्र को हराने के लिए रोग चौघड़िया की अनुशंसा की जाती है।

। भाग ८ : सत्य घटनाओं की कहानियाँ ।

मेरी कहानी : बेरोजगार से लेकर सफल इन्सान तक !

नमस्कार! मेरा नाम **आदित्य** है। मैं एक आम युवक था, जिसने अपने जीवन को सुखद और समृद्ध बनाने का सपना देखा था। मेरे मन में एक चमकते हुए भविष्य का चित्र था। जिसमें मैं अपने परिवार की आर्थिक स्थिति को सुधारना चाहता और खुद को सशक्त बनाना चाहता था। जीवन का सफर कभी कभी अविश्वसनीय होता है। मैं भी इस रंग-बिरंगे सफर का हिस्सा था, जिसमें मैं नौकरी की तलाश में निकला। लेकिन सफर का पहला कदम हमेशा सबसे कठिन होता है। मेरे साथ भी यही हुआ। मैंने कई जगहों पर आवेदन किया, परंतु कहीं भी सफलता नहीं मिली। मैंने बहोत कोशिश की लेकिन कही भी नौकरी नहीं मिल पा रही थी। मैं इंटरव्यू दे-देकर थक चूका था। इसके परिणामस्वरूप, मेरे आत्मविश्वास में गिरावट आई और मेरा सपना अधूरा रह गया। ऐसे में मै कोई ऐसा व्यक्ति खोज रहा था, जो मुझे हिंमत दे। मेरा आत्मविश्वास बढाये।

फिर एक दिन मेरे जीवन में उम्मीद की नई किरण आई। मुझे परेशान देखकर मेरे एक दोस्त ने मुझे न्यूमरोलॉजिस्ट शीतलजी के बारे में बताया। उसने कहा की वह एक मास्टर न्यूमरोलॉजिस्ट है जो लोगों की समस्याओं का अचूक और कारीगर उपाय बताती है और परेशानियां हल करने में मदद करती हैं। मैंने तुरंत ही शीतलजी के पास जाने का निर्णय किया। शीतलजी के पास जाने का मेरा उद्देश्य यह था की वह मेरे जीवन के गहराईयों को समझें और मुझे मेरी समस्याओं का समाधान दें। इस निर्णय ने मेरे जीवन को पूरी तरह से बदल दिया। शीतलजी के सामने मैंने अपनी समस्या बताई और उनसे मार्गदर्शन के लिए अनुरोध किया। जब मैं शीतलजी के पास पहुंचा, तो मैंने उन्हें मेरे जीवन के विभिन्न पहलुओं के

बारे में बताया। उन्होंने मेरी कुंडली को देखा और मुझे कुछ सवाल किये। मुझे अपने जीवन के लिए कुछ महत्वपूर्ण सुझाव दिए। मुझे चमत्कारी ताबीज और पॉकेट किट के बारे में बताया। उन्होंने मुझे अमूल्य मार्गदर्शन दिया और कुछ आसान उपाय बताये। यह उपाय करने के लिए मुझे कोई खास मेहनत करने की भी आवश्यकता नहीं थी। इसलिए मैंने तुरंत हामी भर दी। शीतलजी ने मुझे मेरे पारिवारिक और व्यक्तिगत जीवन में आनेवाली समस्याओं के बारे में बताया और उन सभी समस्याओं का समाधान करने का तरिका बताया। उन्होंने मुझे अपने जीवन की बड़ी उलझनों को हल करने के लिए साहस और निर्णय लेने की प्रेरणा दी। उन्होंने मुझे बहोत ही स्नेहभाव से सही मार्गदर्शन दिया। शीतलजी के मार्गदर्शन के बाद मैंने अपने जीवन को नयी दिशा देने का फैसला किया। उनके शब्दों में मैंने एक नई उम्मीद की किरणे देखी, जिसने मुझे एक नयी दिशा दिखाई। शीतलजी के उपायो द्वारा मैंने अपने जीवन में कई बदलाव अनुभव किये। मैंने शीतलजी की सलाह का पालन किया और फिर से नौकरी की तलाश में लग गया। इस बार मेरी मेहनत, आत्मविश्वास और शीतलजी के सुझाव ने मुझे सफलता प्राप्त करने में मदद की। मैंने अपने सपनों की नौकरी प्राप्त की और मेरा जीवन एक नई दिशा में मुड गया।

आज, जब मैं पीछे मुड़कर देखता हूँ, तो मुझे खुद पर गर्व होता है। शीतलजी के मार्गदर्शन ने मेरे जीवन को नई दिशा दी और अब मैं एक सफल और संतुष्ट इन्सान बन गया हूँ। यह मेरे जीवन का एक महत्वपूर्ण चरण था। जिसमे मैंने जीवन के बारे बहोत कुछ सीखा है।शीतलजी की सलाह ने मुझे एक नया आयाम दिया और जीवन को एक नई राह दिखाई। मेरे संघर्ष ने उसे मजबूत बनाया और मैंने अपने सपनों को हासिल करने के लिए नई ऊँचाइयों को छूने की साहसिकता दिखाई। मेरी कहानी सभी युवाओ को बताती है कि जीवन में किसी भी मुश्किल का सामना करने के लिए आत्म-विश्वास और संघर्ष की आवश्यकता होती हैं और

साथ ही शीतलजी जैसी योग्य अनुभवी व्यक्ति का मार्गदर्शन भी जरुरी है। शीतलजी नौकरी, जॉब और प्रमोशन की समस्याओ पर गहरा और उचित मार्गदर्शन करती है।

शीतलजीने घर से दूर किया काले जादू का साया !

आप भरोसा करे या ना करे, लेकिन इस पूरे दुनिया में कुछ ऐसी अज्ञात शक्तिया है, जो हमारे जिंदगी पर प्रभाव डालती है। इसमें कुछ शक्तिया अच्छा उपयोग करने के लिए होती है, तो कुछ शक्तियों का प्रयोग इसलिए किया जाता है, की किसीका नुकसान हो। दुनिया में ऐसे भी कुछ लोग है जिन्हे दुसरो का अच्छा हो रहा है, तो वो उन्हें पसंत नहीं आता। तंत्र मन्त्र विद्या के प्रभाव से ऐसे लोग काला जादू का सहारा लेते है। मेरे जिंदगी में मैंने ऐसा अनुभव किया है। लेकिन मेरी मुलाकात एक ऐसे व्यक्ति से हुई, जिसने मुझे इस काला जादू के प्रभाव से आज़ाद कर दिया। मैंने भी अपने जीवन में अनुभव की गहराईयों से काले जादू के खिलाफ साहस का परिचय दिया। आज मै और मेरा परिवार खुशियों से जिंदगी जी रहे है। मेरा नाम उदयसिंह है। यह मेरे जिंदगी का सच्चा किस्सा है। कुछ साल पहले, हमारा परिवार बहुत खुश था। मुझे अच्छा जॉब मिला था और हम सभी मिलकर अपने जीवन को बहुत आनंदपूर्वक जी रहे थे। लेकिन अचानक, हमारी जिंदगी में एक अजीब से परिवर्तन का सामना करना पड़ा। मै अंदर ही अंदर भयभीत सा महसूस करने लगा और बार बार बीमार रहने लगा। मुझे भूख नहीं लगती थी। पूरी रातभर नींद नहीं आती थी। फिर भी मै कामकाज कर रहा था। बीमारी को भुलाकर मै अपने काम में बिज़ी रहने की कोशिश करने लगा। एक दिन अचानक ऐसा कुछ हादसा हो गया, की मेरे घरवालों को भी उसपर विश्वास नहीं हो रहा था। मेरे पास आठ सालों से एक बाइक थी। जिस पर मैं अपना सारा कामकाज करता था। मेरी नौकरी भी ठीक से चल रही थी और सब कुछ समृद्धि भरा दिख रहा था।

लेकिन एक दिन, जब मैं अपनी बाइक पर बैठकर पास के दुकान से सामान लेकर आ रहा था, तभी मेरा एक्सीडेंट हो गया और मेरे पैरों में बहुत चोटें आ गईं। मैं हॉस्पिटल में बारह से पंद्रह दिनों के लिए भर्ती था। इस दौरान, मेरे परिवार के जीवन में भी बड़ी मुश्किलें आने लगीं। हॉस्पिटल में रहते हुए, मैंने अपनी नजरों से देखा कि मेरा परिवार कैसे संघर्ष कर रहा था। घर में अजीब-अजीब बातें हो रही थीं, और आपसी तालमेल में कमी आ गई थी। घर पर आने के बाद भी एक तो पैर का मार और उसपर तेज बुखार से कई महीने मुझे घर बैठे निकालने पड़े। मेरा जॉब भी चला गया। ऐसे में पैसो की तंगी से मेरा परिवार सामना कर रहा था। मेरे समझ में नहीं आ रहा था की ये सब कुछ अचानक से कैसे हो रहा था।

एक दिन, मेरे एक पुराने दोस्त ने मुझसे मिलकर कहा कि मेरी बीमारी और हमारे घर में हो रही समस्याएं काले जादू के असर की संकेत हो सकती हैं। शुरुआत में, मैंने इस बात को ठुकरा दिया, लेकिन समय के साथ, मेरे साथ हो रहे घटनाओं ने मुझे विचलित कर दिया। हमने शीतल बाखरे का नाम सुना था। लेकिन अब तक उनसे मिलने का कोई काम नहीं पड़ा था। फिर मैंने और मेरे दोस्तने मास्टर न्युमरोलॉजिस्ट शीतलजी से मिलने का निर्णय लिया। उनका नाम काफी फेमस था। लोगों को अपनी समस्याओं का समाधान देने में शीतलजी का योगदान था।

मास्टर न्युमरोलॉजिस्ट शीतलजी ने मेरी पूरी बात सुनी। मुझे कुछ सवाल किये। मेरे फॅमिली के इतिहास को जानने के लिए उन्होंने हम सभी से अलग अलग मीटिंग की। सब बाते सुनने के बाद कुछ गहरे विचार किए और मेरी हालातों के पीछे एक शक्तिशाली काला जादू की संभावना देखी। उन्होंने मुझे कुछ चीजे, साधनाओं और मंत्रों का उपयोग करके इस समस्या का समाधान करने का सुझाव दिया। काले जादू के खिलाफ मै और मेरा परिवार संघर्ष कर रहा था। मैंने शीतलजी की सलाहों का पालन करते हुए अपने घर की स्थिति में धीरे धीरे सुधार होते देखा। शीतलजी के उपायों के बाद, मेरा परिवार फिर से खुशहाल और आनंदित हो गया और

हमारी सभी समस्याएं धीरे-धीरे ठीक हो गईं। कुछ समय बाद, मास्टर न्युमरोलॉजिस्ट शीतलजी ने मेरी कुंडली और नाम के आधार पर मुझे नए दिशानिर्देश दिए। उनके उपदेशों का पालन करते हुए, मैंने अपने करियर में एक नई ऊंचाई हासिल की और अपने जीवन को नए रूप में सजाया। काला जादू एक अजीब सी शक्ति है जो किसी की जिंदगी को पूरी तरह से परिवर्तित कर सकती है। मैंने इसका सामना किया और शीतलजी की सहायता से अपने जीवन की राह को सही मोड़ पर लाने में सफल हुआ। इस अनुभव से मैंने सीखा कि हमें हमेशा आस-पास के अच्छे लोगों से मदद लेनी चाहिए और किसी भी अजीब से घटित घटना को हल करने के लिए उपायों की तलाश करनी चाहिए।

शीतलजी के उपायों से संवर गया हमारा टूटता रिश्ता !

वैवाहिक जीवन में समस्याओं का सामना करना किसी भी जोड़े के लिए कठिन हो सकता है। लेकिन कहते हैं, जहां समस्याएं होती हैं, वहां समाधान भी होता है। मेरा नाम नयन हैं और मैं दिल्ली शहर का रहनेवाला हूँ।

अपने कॉलेज के दौर से ही सुमन और मैं एक-दूसरे को पसंद करते थे। कॉलेज के बाद नौकरी की शुरुवात भी हमने एक साथ ही की। सबकुछ सेटल होने के बाद हमने शादी करने का फैसला किया। अपने माता-पिता को मैंने सुमन के बारे में बताया और उसकी तस्वीरें भी दिखायी। फिर मेरे और सुमन के परिवार ने एकदूसरे को अच्छे से परखने के बाद हमारे निर्णय को सहमति दी। बड़े ही धूमधाम से और सबके आशीर्वाद से हमारी शादी संपन्न हुई।

शुरू-शुरू में सबकुछ सही रहा। किंतु मनुष्यजीवन में सबकुछ हमारी इच्छा से नहीं होता। मेरी शादी को कुछ साल हो चुके थे, लेकिन मैं और मेरी पत्नी सुमन के बीच में दिन-रात झगड़े होने लगे थे। जो कुछ भी एक अच्छे संबंध के लिए आवश्यक था, वह सब अब हमारे बीच से गायब हो चुका था। बात करके भी

कोई हल नहीं निकल रहा था। घर की अशांति की वजह से काम में भी मेरा मन नहीं लगता था। जिस वजह से मेरे काम पर और स्वभाव पर हमारे झगड़ों का बुरा प्रभाव पड़ने लगा। ऑफिस में अपने मित्र रमेश को मैंने अपनी चिंता का कारण बताया। रमेश ने मेरी पूरी बात सुनी फिर मुझे मशहूर न्यूमरोलॉजिस्ट और वास्तु एक्सपर्ट शीतलजी से परामर्श करने की सलाह दी।

पहले मैं ऐसी बातों में विश्वास नहीं करता था। लेकिन वैवाहिक जीवन में मैं अब और अशांति नहीं चाहता था इसलिए मैंने सोचा की एक बार बात करने में क्या परेशानी है? फिर मैंने रमेश से और थोड़ी जानकारी ली और पत्नी सुमन को लेकर शीतलजी के पास पहुच गया। शीतलजी ने हम दोनों की कुंडलियों को देखा और हमारे बारे में कुछ जानकारी ली। हमें समझाया कि हमारे बीच तनाव उस ग्रह की गतिविधियों के कारण था, जो हमारे कुंडली में दृश्य हो रहा था। और हमारा वास्तुदोष भी हमारे बिच के मनमुटाव के लिए जिम्मेदार था। उन्होंने सुमन और मुझे कुछ आसान उपाय बताए, जिन्हें करके हम अपने संबंधों में सुधार ला सकते थे।

शीतलजी ने कहा की, हमारे शयनकक्ष में हमें राधा-कृष्ण का या फिर शंख या बासुरी का एक सुंदरसा चित्र लगाना हैं। और शयनकक्ष में किसी भी प्रकार का कोई धार्मिक चित्र न हो। साथ ही उन्होंने घरमे दक्षिण दिशा की ओर लौ करके घी का दीपक जलाने को कहा। और इन उपायों के साथ ही उन्होंने हमें शयनकक्ष में कुछ बदलाव करने की भी सलाह दी। शीतलजी ने हमें अपने कमरे से सभी टूटी हुई चीज़ो को और फटे एवं ख़राब परदे, चादर, तकिये और रजाई को बदलने के लिए कहा। जिससे नकारात्मक उर्जा असर ना कर पाए। हमने बिल्कुल वैसा ही किया अपने शयनकक्ष में राधा-कृष्ण का एक मनमोहक चित्र लगाया, सभी ख़राब वस्तुओं को शयनकक्ष से हटाया और घरमे रोज़ घी का दीपक जलाने लगे।

हमने शीतलजी के सभी सुझावों को माना और उन्हें अपने जीवन में उतारा। धीरे-धीरे, हमारे बीच की दूरी कम होने लगी और हमारे संबंध मजबूत होने लगे। शीतलजी के उपायों ने हमारे जीवन को नई दिशा दी और हम दोनों अब एक-दूसरे के साथ खुशियों की राह पर चल रहे हैं। शीतलजी की सलाह ने मेरे और सुमन के जीवन में नई उम्मीद की रौशनी डाली और हमें फिरसे एक साथ खुशियों के सपने देखने की अनुमति दी। मैं मन की गहराईयों से शीतलजी का आभारी हूँ की उन्होंने हमारे बिखरते रिश्ते को, टूटते हुए जीवन को संवारा हैं।

*** शीतलजी के उपायों ने बदल दिया मेरा जीवन !**

नमस्कार ! मेरा नाम **विक्रम** हैं। मैं एक छोटे से गाँव में रहता हु। मेरे पिता एक दुकानदार हैं। हर पिता की तरह उनका भी सपना था कि उनका बेटा अधिक सफल हो और उनका नाम रोशन करे। लेकिन मेरे सपने कुछ और ही थे। मेरा मन था भविष्य की ऊँचाइयों को छूने का, और मेरी आँखों में जीवन के अलग-अलग रंग थे। एक दिन, मैं अपने दोस्त अविनाश के साथ युही टहल रहा था। अविनाश भी एक सफल व्यक्ति था। शहर जाकर अविनाश ने अच्छी नौकरी हासिल कर ली थी और अब तो कार भी खरीद ली थी। हम बचपन से अच्छे दोस्त है। साथमे पले-बढे हैं और पढाई भी एक ही विद्यालय से की हुई है। बातो-बातो में मैंने उससे कहा, यार अविनाश मैं भी तेरी तरह ढेरो पैसे कमाना चाहता हु। अविनाश को मैंने अपनी सपनोवाली दुनिया के बारे में भी बताया, जिसमे मेरा बड़ा सा घर है, कार है, खूब सारे पैसे है और मैं एक सफल और खुशहाल इंसान हु... और मैंने ये भी कहा की शायद ये सब सपनों में ही होगा। मेरी बातें सुनकर वो हसने लगा और बोला, ये सपने सच भी तो सकते है। मैंने आश्चर्यता भरी दृष्टी से उसकी ओर देखा, और पूछा कैसे? वो बोला अगर तुम्हे भी मार्गदर्शन करनेवाला कोई योग्य व्यक्ति मिले तो तुम भी मेरी तरह सफल बन सकते हो।

फिर उसने न्यूमरोलॉजिस्ट और स्टॉक मार्केट एक्सपर्ट शीतल बाखरे के बारे में जानकारी दी और साथ ही यह भी बताया की शहर में कैसे उसने न्यूमरोलॉजी और स्टॉक मार्केट में सफलता हासिल की। मैंने घर जाकर तुरंत ही स्टॉक मार्केट और शीतलजी के बारे में अपने मोबाईल फ़ोन पर सर्च किया। मैंने देखा की किस तरह शीतलजी के मार्गदर्शन, ऑनलाईन क्लास और अन्य उपायों से हजारो लोगो ने अपना जीवन सफल बनाया है। शीतलजी से मैं काफी ज़्यादा प्रभावित हुआ। पैसा कमाने का जुनून मेरे भीतर था ही। बस फिर क्या था ! मैंने तुरंत अविनाश को फ़ोन किया और शीतलजी से सलाह लेने की इच्छा प्रकट की। उनके क्लास के बारे में अधिक जानकारी ली। अविनाश की छुट्टियां भी ख़तम होने को थी तो मैं भी उसके साथ ही शहर के लिए रवाना हो गया। शहर पहुँचकर हमने शीतलजी के साथ अपॉइंटमेंट बुक की। शीतलजी से मिलकर उन्हें मैंने अपना नाम बताया और अपनी कुछ जानकारियाँ दी। उन्होंने एक बड़े संवेदनशील ढंग से मेरी कुंडली देखी और एक सलाह दी, "तुम्हें अपने सपनों को पूरा करने के लिए मेहनत करनी चाहिए। जब तक तुम आत्मविश्वास से काम नहीं करोगे तब तक तुम्हारे सपने साकार नहीं हो सकते।" इसी के साथ-साथ उन्होंने मेरी जन्मतिथि के अनुसार मुझे अपना लकी नंबर, मेरे लिए शुभ रंग और साथ-साथ ही कुछ आसान उपाय भी बताये। और स्टॉक मार्केट क्लास जॉईन करने को कहा। उसके बाद शीतलजी की सलाह के साथ मैंने स्टॉक मार्केट में अपना नसीब आज़माना शुरू कर दिया। और चौकानेवाली बात तो यह है की पहले ही प्रयास से मुझे अच्छे परिणाम मिलने लगे। मैं अब आँख मूँद कर शीतलजी पर भरोसा करने लग गया और सफलता की ओर बढ़ता चला गया। अब मेरी आँखों में वह आत्मविश्वास था, जो किसी भी समस्या को चुनौती देने के लिए तैयार था। मैंने शीतलजी से स्टॉक मार्केट अलग अलग स्ट्रॅटेजीज सीखी और अपने जीवन की मेहनत में जुट गया। मैंने कभी हार नहीं मानी। मुझे अच्छा फायदा होता गया। मेरी मेहनत और आत्मविश्वास से मेरे सपने

वास्तव में बदलना शुरू हो गए। स्टॉक मार्केट के साथ-साथ धीरे-धीरे मैंने अपना एक व्यवसाय भी शुरू किया। आखिरकार, मैंने अपने सभी सपनों को पूरा कर लिया। मैं पैसा, सम्मान, और संतोष से भरपूर जीवन व्यतीत कर रहा हूँ। मै शीतलजी को धन्यवाद देता हुं।

शीतलजी के मार्गदर्शन से ख़तम हो गयी पैसो की समस्या !

मेरा नाम दीपक है। घर में मै सबसे बड़ा हु। इसकी वजह से मुझ पर जिम्मेदारियां भी ज्यादा है। पहले सब ठीक चल रहा था पर शादी के बाद जैसे जैसे समय बीतता गया, वैसे वैसे हमारे घर के हालात कमजोर होते गए। पैसा कमानेवाला मै अकेला ही था। माता पिता, मै और मेरी बीवी और एक बच्चा ऐसा हमारा परिवार था। पैसो की कमी की वजह से हम सब उतने आनंदित नहीं थे। बस दिन काट रहे थे। जिंदगी की प्रॉब्लेम्स मै बहोत परेशान था। ऐसे में पैसो के लिए क्या किया जाये, इस सोच में मुझे नींद नहीं आती थी। मेरे एक दोस्त ने मुझे मास्टर न्यूमरोलॉजिस्ट शीतलजी और उनके उपायों के बारे में बताया। पहले मुझे विश्वास नहीं हो रहा था, लेकिन जैसे ही मैंने शीतलजी के बारे में पढ़ा, मुझे मेरे मन के अंदर से एक आवाज सुनाई दे रही थी। मेरी जिंदगी में जो कुछ गड़बड़ चल रही थी और मुझे लगा कि शायद यहाँ कुछ हो सकता है। कोई तो है जो मुझे जीवन की राह में सहारा प्रदान कर सकता है। मैंने एक दिन मास्टर न्यूमरोलॉजिस्ट शीतलजी से मिलने का निर्णय लिया। उनका नाम और उनका सामर्थ्य क्या है, इसका मुझे ज्ञान था। कई लोग उनकी सराहना कर रहे थे।

मैंने मास्टर न्यूमरोलॉजिस्ट शीतलजी के ऑफिस का पता लगाया और वहां पहुंचने का निर्णय लिया। दूसरे दिन एक दोस्त के साथ शीतलजी के पास गया। उन्होंने हमारा स्वागत किया। मेरी बर्थ डेट और समय के आधार पर मेरी कुंडली बनाई और फिर मुझे मेरे जीवन के विभिन्न पहलुओं के बारे में बताया।

पैसो की समस्या क्यों आ रही है, लक्ष्मी हमारे घर से क्यों नाराज है, लक्ष्मीजी को कैसे प्रसन्न करे इसके शुक्रवार के दिन करने के कुछ उपाय उन्होंने बताये। उन्होंने मेरे भविष्य में आनेवाली कुछ चुनौतिया और मेरी वर्तमान स्थिति को समझाया। शीतलजी ने मुझे कुछ न्यूमरोलॉजी के और कुछ धार्मिक उपाय बताए जो मेरी स्थिति को सुधार सकते थे। उन्होंने मुझे पॉकेट किट के बारे में बताया जिससे मेरी स्थिति बेहतर हो सकती थी।

मैंने इसके बारे मेरे बीवी को बताया। वो सब बातें सुनकर खुश हो गयी थी। शीतलजी ने बताये हुए उपाय अब हमारे घर में खुशियाँ लेकर आएंगे इस विचार मै और वो खुश थे। हमने उनके उपायों का पालन किया। पॉकेट किट को अपने जेब में रखा और धीरे धीरे हम बदलाव महसूस करने लगे। मेरी जिंदगी में शीतलजी की वजह से सकारात्मक ऊर्जा आई। कुछ ही दिनों में सब कुछ बदल गया। पैसो की कमी पूरी हो गयी। जिससे मेरा आत्मविश्वास बहुत बढ़ा। हमारा खेती का अटका हुआ पैसा भी मेरे पिताजी के खाते में जमा हो गया। शीतलजी ने बताये हुए उपायों से हमारे घर का पूरा चित्र ही बदल गया।

शीतलजी द्वारा सिन्दूर के उपायों से फिर से खिल गया जीवन !

मेरा नाम **राजीव** है। गाँव के एक छोटे से परिवार में हमारा जीवन सामान्य रूप से चल रहा था। मेरी पत्नी **सुमित्रा**, एक साधू और विचारशील स्त्री। वो मेरे साथ साथ खुशियों के सपने देख रही थीं। लेकिन विचारशीलता के बावजूद, हमारा घर आर्थिक समस्याओं से जूझ रहा था। हमने कई उपाय करके देखे। लेकिन हालात सुधर नही रहे थे। फिर किसीने हमें मास्टर न्यूमरॉलॉजिस्ट शीतलजी के बारे में बताया। हम दोनो उनसे मिलने गये। उन्होने हमें सिंदूर के कुछ सरल उपायो के बारे में मार्गदर्शन किया। मेरी पत्नी सुमित्रा ने सिन्दूर के उपयोग से जीवन को सुधारने के लिए कई उपायों का अनुसरण किया।

मै राजीव एक सामान्य गाँववाला, अपने कृषि और छोटे से व्यापार के माध्यम से अपने परिवार का पालन-पोषण कर रहा था। हालांकि, हमारा व्यापार चलता रहने के बावजूद, घर कभी-कभी आर्थिक संघर्षों का सामना करता था। मै और सुमित्रा इससे निराश हो रहे थे। अपने जीवन में सकारात्मक परिवर्तन की तलाश में थे। एक दिन हमने शीतलजी के विषय में सुना। फिर हमने उनकी तलाश में सर्च करना शुरू किया। हमें मोबाईल फोन पर फेसबुक द्वारा उनकी जानकारी मिली। फिर मैंने और सुमित्रा ने उनसे मिलकर अपनी समस्याओं का समाधान ढूंढने का निर्णय किया। शीतलजी ने सुमित्रा को सिन्दूर के अचूक उपायों के बारे में बताया और उन्हें धन, स्वास्थ्य, और सुख-शांति की प्राप्ति के लिए उसका प्रयोग करने को कहा।

पहले उपाय के अनुसार, सुमित्रा ने मंगलवार को सिन्दूर दान किया और घर की सुरक्षा के लिए प्रार्थना की। कुछ ही दिनों में ही मेरे कृषि और व्यापार में सुधार हुआ, और हमारा आर्थिक संघर्ष भी कम हो गया। शीतलजी ने कई उपाय बताये थे।

दूसरे उपाय के अनुसार, सुमित्रा ने एकाक्षी नारियल पर सिन्दूर चढ़ाकर उसे लाल वस्त्र में बांधकर लक्ष्मी माँ से धन की प्रार्थना की। इस प्रयास से हमारे व्यापार में वृद्धि होने लगी और हमारी आर्थिक समस्याए दूर हो गयी। हमने सूर्य और मंगल के ग्रहों के प्रभाव को कम करने के लिए सिन्दूर को बहते जल में प्रवाहित किया। इससे राशि के ग्रहों का प्रभाव कम हुआ और सकारात्मक फल मिला। एक छोटे से सिंदूर ने हमारे जीवन कई बदलाव लाये। शीतलजी के उपाय और उनके मार्गदर्शन का बहोत फायदा हुआ। हमारा जीवन सिन्दूर के उपयोग से सजीव हुआ। सिन्दूर का सही तरीके से उपयोग करके हम अपने जीवन में सकारात्मक परिवर्तन ला सकते हैं, ऐसा शीतलजी कहती है। यह उपाय हमें धन,

स्वास्थ्य, और सुख-शांति में सहारा प्रदान करते है। हमें जीवन की सभी समस्याओं का समाधान प्राप्त करने में शीतलजी मदद करती है।

शीतलजी के उपायों से संवर गया हमारा टूटता रिश्ता !

वैवाहिक जीवन में समस्याओं का सामना करना किसी भी जोड़े के लिए कठिन हो सकता है। लेकिन कहते हैं, जहां समस्याएं होती हैं, वहां समाधान भी होता है। मेरा नाम नयन हैं और मैं दिल्ली शहर का रहनेवाला हूँ।

अपने कॉलेज के दौर से ही सुमन और मैं एक-दूसरे को पसंद करते थे। कॉलेज के बाद नौकरी की शुरुवात भी हमने एक साथ ही की। सबकुछ सेटल होने के बाद हमने शादी करने का फैसला किया। अपने माता-पिता को मैंने सुमन के बारे में बताया और उसकी तस्वीरें भी दिखायी। फिर मेरे और सुमन के परिवार ने एकदूसरे को अच्छे से परखने के बाद हमारे निर्णय को सहमति दी। बड़े ही धूमधाम से और सबके आशीर्वाद से हमारी शादी संपन्न हुई।

शुरू-शुरू में सबकुछ सही रहा। किंतु मनुष्यजीवन में सबकुछ हमारी इच्छा से नहीं होता। मेरी शादी को कुछ साल हो चुके थे, लेकिन मैं और मेरी पत्नी सुमन के बीच में दिन-रात झगड़े होने लगे थे। जो कुछ भी एक अच्छे संबंध के लिए आवश्यक था, वह सब अब हमारे बीच से गायब हो चुका था। बात करके भी कोई हल नहीं निकल रहा था। घर की अशांति की वजह से काम में भी मेरा मन नहीं लगता था। जिस वजह से मेरे काम पर और स्वभाव पर हमारे झगड़ों का बुरा प्रभाव पड़ने लगा। ऑफिस में अपने मित्र रमेश को मैंने अपनी चिंता का कारण बताया। रमेश ने मेरी पूरी बात सुनी फिर मुझे मशहूर न्यूमरोलॉजिस्ट और वास्तु एक्सपर्ट शीतलजी से परामर्श करने की सलाह दी।

पहले मैं ऐसी बातों में विश्वास नहीं करता था। लेकिन वैवाहिक जीवन में मैं अब और अशांति नहीं चाहता था इसलिए मैंने सोचा की एक बार बात करने में क्या परेशानी है? फिर मैंने रमेश से और थोड़ी जानकारी ली और पत्नी सुमन को लेकर शीतलजी के पास पहुच गया। **शीतलजी** ने हम दोनों की कुंडलियों को देखा और हमारे बारे में कुछ जानकारी ली। हमें समझाया कि हमारे बीच तनाव उस ग्रह की गतिविधियों के कारण था, जो हमारे कुंडली में दृश्य हो रहा था। और हमारा वास्तुदोष भी हमारे बिच के मनमुटाव के लिए जिम्मेदार था। उन्होंने सुमन और मुझे कुछ आसान उपाय बताए, जिन्हें करके हम अपने संबंधों में सुधार ला सकते थे।

शीतलजी ने कहा की, हमारे शयनकक्ष में हमें राधा-कृष्ण का या फिर शंख या बासुरी का एक सुंदरसा चित्र लगाना हैं। और शयनकक्ष में किसी भी प्रकार का कोई धार्मिक चित्र न हो। साथ ही उन्होंने घरमे दक्षिण दिशा की ओर लौ करके घी का दीपक जलाने को कहा। और इन उपायों के साथ ही उन्होंने हमें शयनकक्ष में कुछ बदलाव करने की भी सलाह दी। शीतलजी ने हमें अपने कमरे से सभी टूटी हुई चीज़ो को और फटे एवं ख़राब परदे, चादर, तकिये और रजाई को बदलने के लिए कहा। जिससे नकारात्मक उर्जा असर ना कर पाए। हमने बिल्कुल वैसा ही किया अपने शयनकक्ष में राधा-कृष्ण का एक मनमोहक चित्र लगाया, सभी ख़राब वस्तुओं को शयनकक्ष से हटाया और घरमे रोज़ घी का दीपक जलाने लगे।

हमने शीतलजी के सभी सुझावों को माना और उन्हें अपने जीवन में उतारा। धीरे-धीरे, हमारे बीच की दूरी कम होने लगी और हमारे संबंध मजबूत होने लगे। शीतलजी के उपायों ने हमारे जीवन को नई दिशा दी और हम दोनों अब एक-दूसरे के साथ खुशियों की राह पर चल रहे हैं। शीतलजी की सलाह ने

मेरे और सुमन के जीवन में नई उम्मीद की रौशनी डाली और हमें फिरसे एक साथ खुशियों के सपने देखने की अनुमति दी। मैं मन की गहराईयों से शीतलजी का आभारी हूँ की उन्होंने हमारे बिखरते रिश्ते को, टूटते हुए जीवन को संवारा हैं।

----

*भाग ९ : परीक्षा में कैसे पाये सफलता

परीक्षा में सफल होने के उपाय :

१) विद्यार्थी का पढाई करने का स्थान ईशान दिशा की तरफ होना चाहिए। यानि उत्तर और पूर्व दिशा के ठीक मध्य वाला स्थान।

२) पूजा के समय माँ सरस्वती के इस मंत्र का अधिक से अधिक जाप करना चाहिए : ॐ ऐं ह्रीं श्रीं वाग्देव्यै सरस्वत्यै नमः

३) हर गुरुवार के दिन गाय को पेढे खिलाने से भी विद्यार्थी परीक्षा में अच्छे नंबर प्राप्त करते है।

४) विद्यार्थी को ब्राह्मी का सेवन प्रतिदिन करना चाहिए। इससे बुद्धि का विकास होता है और उनकी स्मरणशक्ति बढती है।

५) परीक्षा देने जाते समय मीठा दही खाकर जाना चाहिए।

६) परीक्षा के लिए जाने से पहले घर पर अपने सिर के ऊपर से थोड़ी पीली सरसों वारकर घर में मुख्य दरवाजे के बाहर दोनों तरफ थोडा-थोडा फेंक दे।

७) विद्यार्थी स्वयं में आत्मविश्वास जगाये। स्वयं से होनेवाली गलतियों को पहचाने और खुद ही उन्हें दूर करने का प्रयत्न करें। परीक्षा में भूलकर भी नक़ल न करें।

८) विद्यार्थी प्रतिदिन उगते सूर्य को अर्घ्य दे (सूर्य को जल अर्पित करें)। ऐसा करने से पढाई करने मे आनेवाली सभी कठिनाइयाँ दूर होने लगती है।

९) कभी कभी शनि की साढ़ेसाती और ढईया भी विद्यार्थी को पढाई करने में कठिनाई अनुभव कराती है। इसलिए अपनी कुंडली अवश्य दिखाए और समय रहते शनिदेव के उपाय अवश्य कर ले।

*** स्फटिक माला के फायदे**

1. कहते हैं कि इसे पहनने से किसी भी प्रकार का भय और घबराहट नहीं रहती है।
2. स्फटिक माला धारण करने से मन में सुख, शांति और धैर्य बना रहता है।
3. इसे धारण करने से धन, संपत्ति, रूप, बल, वीर्य और यश प्राप्त होता है।
4. माना जाता है कि इसे धारण करने से भूत-प्रेत आदि की बाधा से भी मुक्ति मिल जाती है।
5. इसकी माला से किसी मंत्र का जप करने से वह मंत्र शीघ्र ही सिद्ध हो जाता है।
6. इससे सोच-समझ में तेजी और दिमाग का विकास होने लगता है।
7. इसकी भस्म से ज्वर, पित्त-विकार, निर्बलता तथा रक्तविकार जैसी व्याधियां दूर होती है।
8. स्फटिक किसी भी पुरुष या स्त्री को एकदम स्वस्थ रखता है।
9. स्फटिक की माला को भगवती लक्ष्मी का रूप माना जाता है।
10. स्फटिक की माला धारण करने से शुक्र ग्रह दोष दूर होता है।
11. स्फटिक के उपयोग से दु:ख और दारिद्र नष्ट होता है।
12. यह पाप का नाशक है। पुण्य का उदय होता है।
13. सोमवार को स्फटिक माला धारण करने से मन में पूर्णत: शांति की अनुभूति होती है एवं सिरदर्द नहीं होता।

14. शनिवार को स्फटिक माला धारण करने से रक्त से संबंधित बीमारियों में लाभ होता है।
15. अत्याधिक बुखार होने की स्थिति में स्फटिक माला को पानी में धोकर कुछ देर नाभि पर रखने से बुखार कम होता है एवं आराम मिलता है।

www.ingramcontent.com/pod-product-compliance
Lightning Source LLC
LaVergne TN
LVHW041252150826
845673LV00008B/2555

* 9 7 9 8 8 9 2 7 7 5 4 2 7 *